CHINA-TÍBET-ASSAM

CHINA-TÍBET-ASSAM

HISTORIA DE UN VIAJE

Por

F. M. BAILEY

Traducción de
SANTIAGO LAZCANO

Ecos de Oriente

Título original: *China-Tibet-Assam: A journey, 1911.*

Año original de publicación: 1945

Autor: Frederick Marshman Bailey

© 2023, de la traducción: Santiago Lazcano

Todos los derechos reservados. Queda prohibida la reproducción total o parcial del contenido de esta obra sin autorización.

Primera edición: Octubre 2023

© de esta edición: Ecos de Oriente

www.ecosdeoriente.com

ISBN: 978-1-7391512-4-9

Imagen de cubierta: Mapa de Tíbet, producido por la Real Sociedad Geográfica de Gran Bretaña, año 1904. Dominio público.

Nota del traductor sobre la toponimia

Puede generarse cierta confusión con los nombres de los lugares que Bailey atravesó durante su viaje. El motivo es que muchos de ellos han experimentado variaciones, además de existir en ocasiones un nombre en tibetano y otro en chino —incluso a veces otro en la lengua de alguna de las etnias que habitan la zona—. Además, algunos lugares han cambiado de denominación desde la época en que el libro fue escrito.

Los topónimos chinos que aparecen en el texto original del libro están transcritos según el antiguo sistema de transcripción Wade-Giles que está actualmente obsoleto. A excepción de algún nombre muy identificable en castellano, como Pekín o Shanghái, se ha optado por sustituirlos por su versión actual según el sistema de transcripción pinyin.

En el caso de los topónimos tibetanos, estos aparecen en el original según una transcripción fonética simplificada. Cuando ha sido conocida, se ha añadido una nota al final del libro con su versión sinizada al ser transcritos según el sistema pinyin, porque es como aparecen en muchos mapas actuales. No se ha hecho en el caso de nombres claramente identificables como Lhasa, Gyantse o Tsangpo.

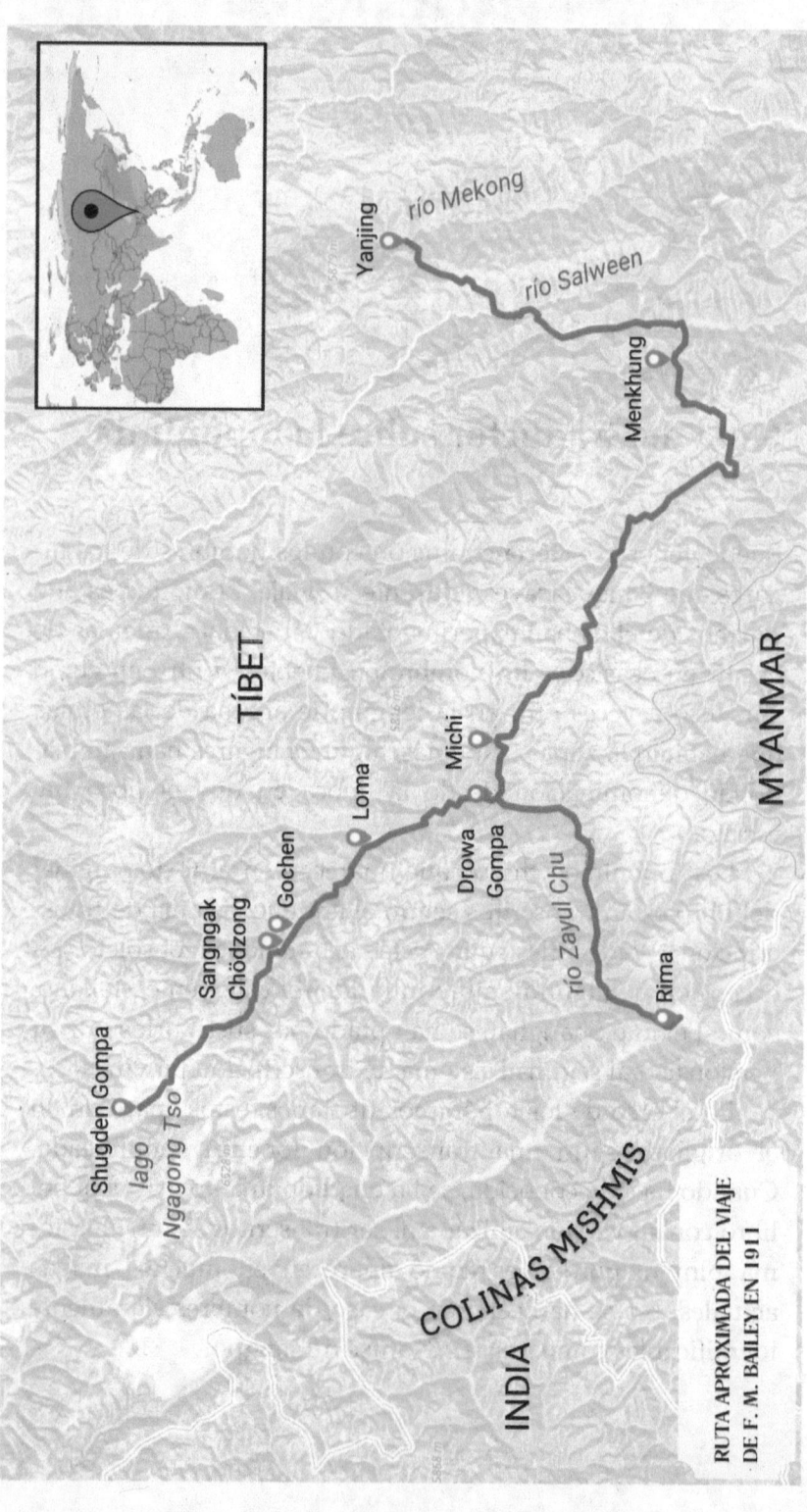

Índice

1. El problema del Tsangpo..................9
2. Siberia – Pekín – Yangtsé..................23
3. Por Sichuan a Kangding..................40
4. Hacia el sur en busca del takín..................53
5. De Kangding a Litang..................67
6. De Litang a Batang..................82
7. A través de la frontera..................98
8. Del Mekong al Irrawaddy..................113
9. Las fuentes del Irrawaddy..................128
10. Vuelta atrás..................138
11. Por el Zayul Chu..................151
12. El takín..................169
13. Entre los mishmis..................191
14. Llegada a Sadiya..................221

CAPÍTULO I

El problema del Tsangpo

Un vistazo al mapa de la zona al norte de Birmania, cerca del paralelo 28, revela una formación física peculiar. Tres enormes ríos fluyen de norte a sur, muy próximos entre sí. Son el Yangtsé[1], el Mekong[2] y el Salween[3]. Más al oeste, en las llanuras de Assam, desembocan desde el norte otros tres ríos de tamaño considerable: el Lohit, el Dibang[4] y el Siang[5].

Si miramos ahora a Tíbet, veremos un gran río, el Tsangpo[6], que fluye hacia el este a través de la parte meridional y más poblada del país. Durante muchos años, los primeros geógrafos no sabían adónde iban a parar las aguas del Tsangpo. Podían haber ido a engrosar las de cualquiera de estos ríos o las del Irrawaddy. Hacía muchos años que se buscaba una solución a esta cuestión. Sir Joseph Hooker, escribió en *Himalayan Journeys*, libro publicado en 1854, que el señor Hodgson y el mayor Jenkins, comisionado de Assam, enviaron a un mendigo viajero, pero el pobre hombre fue alanceado en la frontera por salvajes. Las especulaciones se terminaron de la siguiente manera: entre los años sesenta y ochenta del siglo pasado, el Departamento de Topografía de India organizó la recogida de información sobre las áreas situadas al norte del Himalaya y formó a agentes, en su mayoría de habla tibetana, que habitaban en la parte india de la frontera tibetana. La excepción fue S. C. D. (Sarat Chandra Das), C. I. E.[7], un bengalí culto a quien Kipling introdujo en *Kim* como Hari Chunder Mukerjee. Él, junto con otro famoso explorador secreto, U. G. (Lama Ugyen Gyatso) formaron el tribunal que me aprobó en mi examen de tibetano hace muchos años.

Estos maravillosos exploradores, enviados para cartografiar e informar sobre estas regiones, viajaron durante años, literalmente contando sus pasos, y trajeron de vuelta informes muy útiles arriesgando sus vidas. Al tiempo que admiramos su valor y perseverancia, no debemos olvidar el mérito de los oficiales del Departamento de Topografía de India que iniciaron y organizaron con tanto éxito estos reconocimientos, seleccionaron y entrenaron a los hombres y, finalmente, ofrecieron su información al mundo.

Uno de los más conocidos entre estos exploradores fue Krishna, más conocido como A. K., el nombre secreto bajo el que trabajaba. En 1879, A. K. viajó a través de Nepal a Lhasa, de allí al norte hacia Mongolia, y de allí al sudeste a las fronteras de China, desde donde dio la vuelta hacia el sudoeste a Rima, con la intención de llegar a India por el valle del Lohit. Durante esta parte de su viaje, cruzó de este a oeste las orillas del Yangtsé, del Mekong y del Salween. El camino hacia India se le cerró debido a la hostilidad de los mishmis, una tribu salvaje que habita en las colinas al sur de Rima y que unos años antes habían matado a dos sacerdotes franceses, los padres Krick y Bourry. Probablemente, fueron ellos quienes alancearon al mendigo viajero al que Hodgson y Jenkins se refirieron. En consecuencia, A. K. se vio obligado a dar un gran rodeo hacia el norte y el oeste hasta que, pasando Lhasa, llegó a la orilla septentrional del Tsangpo, lo cruzó y finalmente llegó a Darjeeling.

Es obvio que este viaje demostró definitivamente que sólo el Dibang o el Siang podrían ser el curso inferior del Tsangpo. Después de alcanzar los márgenes occidentales de los ríos Yangtsé, Mekong y Salween, se encontró en la ribera septentrional del Tsangpo, al sur de Lhasa, y no había vuelto a cruzar a la orilla oriental de ninguno de estos ríos en el camino. En noviembre de 1885, Rinzing Namgyal —cuyo nombre secreto era R. N.—, uno de los terratenientes de Sikkim y amigo íntimo mío hasta el día de su muerte, partió de viaje con la orden de determinar si el Tsangpo formaba la cabecera del Brahmaputra o del río Irrawaddy. Debido a complicaciones tribales y políticas, fracasó en su intento, pero volvió con información topográfica útil sobre Bután.

La duda en cuanto a la identidad de estos ríos había persistido durante muchos años, e incluso en fecha tan tardía como 1911, las instrucciones dadas al general Bower, al mando de la Expedición Abor, le ordenaban resolver «la cuestión de la identidad de los ríos Tsangpo y Brahmaputra».

Más tarde, al revisar los resultados de la expedición tras su regreso, el informe del Gobierno afirmaba: «La identidad del Siang con el Tsangpo, aunque no absolutamente probada, estaba en cualquier caso prácticamente establecida».

De nuevo, en la reunión de la Real Sociedad Geográfica en que el señor Bentinck dio cuenta de los resultados geográficos de la Expedición Abor, la cuestión volvió a plantearse. Sin embargo, un estudio concienzudo del informe de A. K. debería haber despejado todas las dudas.

Como consecuencia de los viajes de A. K. (Krishna) se había llegado a la conclusión de que el Lohit no podía ser el

Tsangpo, pero había dos grandes ríos, el Dibang y el Siang, que desembocaban en las llanuras de Assam y que rivalizaban por este honor.

El Tsangpo, que recoge a lo largo de toda su gran extensión en Tíbet las nieves derretidas de las laderas septentrionales del Himalaya, era sin duda el que tenía mayor cantidad de agua. El capitán Harman, del Departamento de Topografía de India, midió cuidadosamente estos ríos donde dejaban las colinas y entraban en las llanuras. Comprobó que el Siang descargaba 1.599.901 litros por segundo, frente a los 770.218 litros del Dibang. Así se supo con certeza que el Tsangpo de Tíbet y el Siang[8] de Assam eran el mismo río.

Aunque nadie sabía dónde estaba el nacimiento del Dibang y si también procedía de Tíbet, no podía ser tan largo como el Tsangpo; y finalmente se descubrió que el Dibang era sólo un río local que nacía en las Colinas Mishmis. Las fuertes lluvias le daban un aspecto comparable al del Siang, mucho mayor. Sólo mediante sondeos y mediciones sobre el terreno se demostró que el Siang era el doble de grande.

Una vez resuelta esta cuestión, quedaba otro problema. Se sabía que el río, donde se perdía en la impenetrable maraña de montañas del sudeste de Tíbet, se encontraba a una altitud de entre 2.700 y 3.000 metros sobre el nivel del mar, mientras que desembocaba en las llanuras de Assam a una altitud de unos 150 metros. La distancia en línea recta entre los dos puntos conocidos era de unos ciento noventa kilómetros, y la caída del río de 2.750 metros. ¿Cómo lograba un río de este tamaño este descenso? ¿Se trataba de unas grandes cataratas o de una serie de rápidos? ¿Quedaría el Niágara en un segundo plano? ¿Seguía el río un curso mucho más largo de lo que se suponía? ¿Qué curso seguía el río a través de esta extensión desconocida?

El valle del Siang está habitado por los adis[9], una tribu salvaje parecida a los mishmis que habían matado a los dos misioneros franceses, y era imposible enviar hombres desde India a estas regiones, por lo que la única alternativa era seguir el río desde Tíbet lo más lejos posible. Para ello, los oficiales del Departamento de Topografía enviaron a un tal G. M. N., conocido como «Namsring» en los informes de dicho departamento, —pero en realidad era Nyima Tsering, un nombre tibetano corriente que significa «sol larga vida»—. Era natural de Sikkim y llevaba consigo como sirviente a Kintup (K. P.). Este viaje, emprendido en 1878, tuvo resultados decepcionantes, y los viajeros regresaron habiendo cartografiado el río sólo hasta Gyala[10].

Sin caer en el desánimo, los oficiales del Departamento de Topografía decidieron intentarlo de nuevo, y para ello enviaron a un lama mongol, con Kintup como sirviente. Todos los peregrinos tibetanos, y muchas otras personas en Tíbet, llevan un pequeño cilindro con un peso atado a una corta cadena. Contiene la fórmula sagrada *om mani padme hum* impresa mil veces en un papel fino y apretado. Las palabras significan «salve a la joya del loto» y se refieren a Buda, que suele aparecer sentado en una flor de loto. Un giro de la rueda equivale a repetir la oración el número de veces que está impresa en la rueda de oración. Las ruedas más grandes se fijan a las paredes para que las hagan girar los viajeros y peregrinos, mientras que otras todavía más grandes, de varios metros de altura, se encuentran en muchos monasterios. Las ruedas de oración se hacen girar con el viento o el agua, y supongo que es sólo cuestión de tiempo antes que la maquinaria eléctrica y otras máquinas modernas se pongan al servicio de la buena obra.

El equipo habitual del explorador en servicio secreto en Tíbet incluía una rueda de oración falsa que contenía una brújula prismática y un rollo de papel para tomar notas, y también un rosario de cien cuentas con el que el explorador podía contar sus pasos. El verdadero rosario tibetano tenía ciento ocho cuentas. Estos sencillos artículos, que llevan consigo la mayoría de los peregrinos, no levantaban sospechas. Además de estas instrucciones, el lama y Kintup recibieron un taladro y pequeños tubos de metal con papeles escritos. Debían fijar estos tubos metálicos en troncos de madera y enviarlos flotando río abajo, donde el Departamento de Topografía de India tenía hombres esperando los troncos en Assam para recuperar los mensajes. Este viaje resultó ser uno de los más interesantes y emocionantes de todos, y Kintup, a pesar de su pobre educación, demostró ser uno de los hombres más valientes entre los enviados a estas arriesgadas empresas.

Los viajeros llegaron a Gyala, donde un pequeño tributario que se une a la orilla septentrional del Tsangpo se precipita en una serie de cascadas entre oscuras cuevas y rocas salientes. En una de estas cascadas se suponía encadenado a un benévolo demonio llamado Shingje Chögye. Una vez visité este lugar. Una figura del demonio está tallada y pintada en la roca detrás de la cascada y puede verse cuando el agua está baja en invierno. Estuve allí en verano, cuando el deshielo había aumentado la cascada y no pude ver nada de la figura.

Los viajeros siguieron el río durante una corta distancia hasta llegar a la pequeña lamasería de Pemaköchung[11], más allá de la cual no pudieron penetrar. Cerca de allí, el Tsangpo se precipita en un rápido abrupto a lo largo de unos cincuenta metros, y la siguiente descripción de esta caída aparece en el relato oficial del viaje de Kintup:

> El Tsangpo está a cuarenta metros del monasterio y a unos tres kilómetros cae por un acantilado llamado Sinji-Chogyal desde una altura de unos cuarenta y cinco metros. Al pie de las cataratas hay un gran lago en el que siempre se puede observar el arcoíris.

Se verá que este rápido en el río principal se ha mezclado con la cascada del demonio en el pequeño riachuelo tributario. No es posible decir si este error fue cometido por Kintup o por el traductor. Tuve ocasión de interrogar a Kintup al respecto y, desde luego, no insinuó que no fuera en el afluente. Los viajeros volvieron sobre sus pasos con la intención de hacer un circuito al norte del río y atacarlo más abajo. Para ello se vieron obligados a adentrarse en una zona desconocida y semi-independiente llamada Pome[12].

Aquí el lama mongol decidió que ya estaba harto y decidió regresar a su hogar. Cuando llegó a Tongkyuk Dzong, en los confines de Pome, se hizo amigo del oficial local. Un día le dijo a Kintup que se marchaba y que volvería en dos o tres días, y le indicó que esperara su regreso en el cuartel del oficial. Kintup esperó más de dos meses y empezó a sospechar que el lama no volvería. Durante este tiempo trabajó como sastre. Como los peregrinos no podían disponer de mucho dinero y, en cualquier caso, los robos eran un peligro frecuente, los dos hombres tenían que trabajar a veces y ganar lo suficiente para seguir con su tarea.

Un día, un hombre le dijo a Kintup que el lama le había vendido al oficial como esclavo y se había vuelto a su país. Le ordenaron trabajar como esclavo en la casa del dzongpön. Trabajó así durante siete meses antes de encontrar la oportunidad de escapar, y entonces, en lugar de hacer el camino de vuelta a casa lo mejor posible, como muchos habrían hecho en circunstancias similares, decidió continuar su búsqueda y tuvo éxito en volver a unirse al Tsangpo, en un lugar que él llamó Dorjiyu Dzong. Siguió su camino hasta que fue alcanzado en Marpung por unos hombres enviados por su amo para capturarle. Entonces se dirigió al lama principal del monasterio de Marpung, se postró a sus pies y le explicó que era un pobre peregrino que había sido vendido a traición por su compañero, y le suplicó ayuda. El lama se apiadó de él, lo compró por cincuenta rupias y lo mantuvo como esclavo durante cuatro meses y medio.

A lo largo de su esclavitud, Kintup había conseguido salvar algunos de los tubos de metal, aunque había perdido el taladro. En este punto, decidió intentar llevar a cabo la tarea para la que él y su traicionero compañero habían sido enviados. En consecuencia, pidió permiso a su maestro, el lama, para viajar río abajo hasta una montaña sagrada llamada Kondü Potrang, permiso que le fue rápidamente concedido. No pudo fijar los tubos en los troncos debido a la pérdida del taladro, pero abrió los tubos y ató el metal al exterior de los troncos con tiras de bambú, escondió los troncos en una cueva y regresó con su amo.

Habría sido inútil arrojar los troncos al río sin avisar a los oficiales del Departamento de Topografía para que estuvieran atentos, por lo que, después de servir dos meses más, pidió permiso para ir de peregrinación a Lhasa. Su amo, que parece haber sido de temperamento tranquilo, accedió de nuevo, y Kintup emprendió su viaje de tres meses a Lhasa. Como era un hombre devoto, aprovechó la oportunidad para realizar la meritoria peregrinación a Tsari en el camino y trajo de vuelta mucha información útil sobre el territorio atravesado.

En Lhasa envió una carta a Namsring, compañero de su primer viaje, pidiéndole que informara al «Jefe del Departamento de Topografía de India» de que a partir de cierta fecha se arrojarían diariamente al río cincuenta troncos marcados.

Ahora que era libre y estaba relativamente cerca de su propio país, Sikkim, debió de sentir la gran tentación de regresar al hogar que no había visto en dos años y medio, antes que volver a una esclavitud segura y correr los riesgos que le esperaban si se le permitía continuar con su tarea. Pero estaba hecho de una pasta dura y, tras enviar su carta, regresó con su amo y le sirvió nueve meses más, y cuando se acercó la fecha en que debía arrojar al río los troncos marcados, volvió a pedir permiso para ir de peregrinación. Entonces su amo, según el informe oficial, se dirigió a él de la siguiente manera: «Me alegra verte visitar los lugares sagrados, así que a partir de hoy te doy permiso para ir adonde quieras». Kintup, ya libre, descendió el río, arrojó los troncos según lo acordado e intentó llegar a India por el valle del río. No pudo atravesar el territorio de los adis, por lo que regresó a Lhasa y de allí a India, donde descubrió, para su decepción, que Namsring había muerto y que su carta nunca había sido entregada. Kintup llegó a India en 1884, y a partir de entonces su informe constituyó la única base de nuestro conocimiento del río. A su regreso, mucha gente no dio crédito a Kintup, que finalmente desapareció del mapa.

En 1913, el difunto coronel Morshead y yo tuvimos la oportunidad de seguir los pasos de Kintup. Dándome cuenta de su valentía y perseverancia, hice grandes esfuerzos por encontrarlo y finalmente fue descubierto trabajando como sastre en Darjeeling. Sugerí que se le concediera una pensión que le liberara de la necesidad y la ansiedad durante los pocos años que le quedaban de vida. Las autoridades financieras de India se negaron. ¿Quién puede decir cuánto tiempo vivirá un pensionista? El país podría arruinarse, etcétera. Sin embargo, se le concedió una suma total de mil rupias. Muy poco después de recibirla murió, espero que no *post hoc, ergo propter hoc*[13].

Gracias a los conocimientos que adquirimos al seguir sus pasos, pude conversar con él para aclarar su viaje y ampliar el relato oficial, más bien escueto, que se escribió a su regreso. Hay que tener en cuenta que los informes de Kintup se escribieron a su regreso en 1884, cuatro años después de que comenzara su viaje. Además, era analfabeto y hablaba de memoria. ¿Es de extrañar que omitiera algún día de marcha o que se confundiera al calcular las distancias? ¿Quién de nosotros podría describir de memoria un viaje en detalle, tres años después de haberlo realizado, con algo parecido a la precisión de Kintup? Lo maravilloso es que fuera capaz de recordar tantas cosas. A menudo he observado que los tibetanos analfabetos pueden describir con gran exactitud las marchas de un camino que han recorrido una sola vez años antes, mientras que nosotros, que tomamos notas por escrito, hemos perdido en gran medida el poder de la memoria.

En 1904, durante nuestra ocupación de Lhasa bajo Younghusband, se organizó un grupo con credenciales del Gobierno de Lhasa para intentar seguir el río hasta India, pero la expedición se abandonó en el último momento. Las partes desconocidas del río no podían recorrerse desde Assam. El Gobierno de India siempre se ha mostrado reacio a fomentar cualquier forma de exploración que, en su opinión, pueda implicar algún tipo de riesgo y, en consecuencia, darle problemas. El salvajismo de los adis y otras tribus hizo que se dieran órdenes muy claras contra el cruce de las fronteras de Assam, y por varias razones era difícil entrar en Tíbet y seguir el río hacia abajo, pero parecía posible acercarse desde el este a través de China. Esta ruta había sido intentada en 1899 por el comandante Davies, el capitán Ryder y su grupo, pero habían sido rechazados por los tibetanos. Me pareció posible que un único viajero con un solo sirviente que no dependiera de intérpretes pudiera llegar a la meta deseada sin llamar demasiado la atención y, en caso de fracaso, se obtendrían conocimientos para una expedición más organizada.

El viaje que aquí se describe se realizó, por tanto, de forma muy modesta en una época y un lugar en los que aún quedaban problemas que, en cierta medida, podía resolver un viajero que llevara el mínimo equipo. Hoy en día[14] se espera que una expedición esté formada por especialistas en diferentes ramas de la ciencia y se necesita una gran cantidad de equipo. Yo viajé con mi único sirviente y me traje un mapa y algunos especímenes de historia natural; sobre todo mariposas, que se recogen fácilmente, son ligeras y ocupan poco espacio. Siempre lamento no haberme permitido al menos recolectar algunas plantas. Era demasiado pronto para recoger semillas, pero una colección de plantas prensadas habría sido de gran interés. Cuando volví a viajar por Tíbet me ocupé de corregir algunos errores cometidos en este viaje. Por ejemplo, llevaba más botas, algunas redes para mariposas de repuesto y menos tiendas europeas.

Como joven teniente de la 32.ª Compañía de Pioneros Sijs, había acompañado a la Expedición Younghusband a Tíbet en 1903, y en los primeros días en Kamba Dzong, antes de que la pacífica misión se convirtiera en una expedición militar, había adquirido algunos conocimientos del tibetano coloquial, y sabía algo de las costumbres y pensamientos de la gente. En esto me había visto alentado por el propio sir Francis Younghusband y, quizás aún más, por sir Frederick O'Connor, secretario e intérprete de la misión, un hombre con una influencia única y casi asombrosa sobre los tibetanos. Ellos le apodaron «Kusho-Sahib», ya que «kusho» es el equivalente tibetano de «sahib».

Después de que el tratado se negociara y firmara con éxito en Lhasa en septiembre de 1904, fui nombrado intérprete de una pequeña expedición al mando de los capitanes Ryder y Rawling. El capitán Ryder era un distinguido y experimentado oficial del Departamento de Topografía de India, y le acompañaba el capitán Wood como ayudante.

El capitán Wood había sido seleccionado para este trabajo por haber estado recientemente en Nepal para establecer la identidad del monte Everest como un pico separado del Gaurishankar. El científico alemán Schlagentweit sostenía que Gaurishankar era el nombre hindú del pico más alto del mundo y tenía prioridad sobre «el nombre inglés Everest». El capitán Wood demostró que el Gaurishankar se encontraba en una cordillera separada, y que el Everest, visto desde las colinas sobre el valle de Katmandú, era un pico discreto sin nombre en el punto desde el que lo habían visto los alemanes. El estudio del capitán Wood de los picos del Himalaya nepalés desde el sur debía ser útil para estudiar los mismos picos desde el norte. Nuestra expedición viajó de Lhasa directamente a Shimla, un viaje frío a lo largo de la alta región al norte del Himalaya. Las vistas del Everest y otros picos gigantescos desde el norte eran un consuelo para las dificultades del viaje invernal a altitudes de hasta 5.700 metros sobre el nivel del mar y temperaturas de hasta treinta y dos grados bajo cero que había que soportar no en casas con calefacción, sino en tiendas con corrientes de aire.

Posteriormente, tras pasar tres años y medio en Gyantse y Chumbi, en Tíbet, adquirí una mayor experiencia del país, por no hablar de la amistad de nada menos que el tashi lama[15], considerado por muchos incluso más santo que el dalái lama, pero que se había negado resueltamente a tocar el poder temporal en el país. En las raras ocasiones en que los dos grandes prelados se encuentran, se dan preferencia por la edad.

Durante estos años en Tíbet leí casi todos los libros escritos sobre el país y tomé la resolución de resolver la cuestión de las cataratas del gran río Tsangpo.

KINTUP

CAPÍTULO II

Siberia – Pekín – Yangtsé

En enero de 1911, partí hacia China por el ferrocarril de Siberia. La Real Sociedad Geográfica me prestó un sextante con horizonte artificial, una brújula prismática y un hipsómetro; este último es un aparato para calcular la altitud sobre el nivel del mar a partir de la temperatura a la que hierve el agua. Me retrasé una semana en San Petersburgo debido a problemas con la aduana por mis armas de fuego. No fue tiempo perdido, pues recibí valiosos consejos del difunto señor Rockhill, embajador de los Estados Unidos, experimentado viajero tibetano y medalla de oro de la Real Sociedad Geográfica. Entre otras obras sobre viajes y etnología tibetanos, escribió *The Land of the Lamas*, uno de los mejores libros sobre Tíbet.

En Moscú encontré a un amigo, el capitán Morgan, que había servido conmigo en Tíbet. Estaba aprendiendo ruso. El tren a Pekín salía a medianoche. Fuimos al ballet del Teatro Bolshói, pero salimos con tiempo de sobra para coger el tren. Los porteros del hotel debían coger mi equipaje y ponerlo en mi compartimento. Morgan y yo fuimos a la estación y entramos en el restaurante a tomar caviar y cerveza. En Moscú la hora del ferrocarril difería de la hora civil, y al sentarnos preguntamos al camarero si el tren de Siberia salía a medianoche según el reloj del restaurante, y nos dijo que sí. Veinte minutos antes de las doce nos levantamos y pensamos que encontraríamos el tren y comprobaríamos que todo iba bien. Entonces el camarero nos informó tranquilamente de que el tren siberiano salía sin duda a la hora del ferrocarril, que era la del restaurante, pero que, por supuesto, todo el mundo sabía que esa no era la estación, ¡y él nunca había dicho que lo fuera! La estación estaba en el otro extremo de la ciudad. Nos levantamos de un salto, pedimos un trineo y nos dirigimos lo más rápido posible a la otra estación, animando a nuestro *isvoschik*[16] con promesas de grandes recompensas. Al llegar, nos dimos cuenta de que no llevábamos cambio, así que le dimos en la mano una moneda de oro de cinco rublos y nos apresuramos a entrar en la estación, dejando al hombre protestando en voz alta, en la creencia de que sólo le habíamos dado una moneda de plata. Nos dirigimos al andén para ver cómo nuestro tren se alejaba lentamente de la estación, mientras los mozos pasaban el equipaje de mi compartimento a los porteros del andén. No quedaba más remedio que volver al hotel y esperar una semana al próximo tren. Me alegré de tener la oportunidad de ver algo de la ciudad y sus alrededores. Desde entonces he vuelto a perder trenes, pero nunca uno con una semana de retraso.

Durante el invierno de 1910-11 la peste neumónica hizo estragos en Manchuria, se hablaba de no permitir la circulación de ningún tren y circulaban rumores de cuarentena. No alteré mis planes, sino que decidí seguir adelante hasta que me detuvieran. De hecho, en varios puntos de este viaje y de los siguientes me dijeron que sería imposible continuar; me negué a dejarme desviar por tan desagradables consejos y seguí adelante hasta que me detuvieron definitivamente. El viaje a través de Siberia fue aburrido, pero el hecho de que el tren no estuviera abarrotado fue una compensación. En pleno invierno apenas se podía ver nada del país debido a la escarcha en las ventanillas, y nuestra única diversión consistía en salir a fotografiar la locomotora en cada parada. Entre mis compañeros de viaje había varios pilotos fluviales. Estos hombres tenían que estar presentes en el momento en que los puertos estuvieran libres de hielo. Si no lo hacían, podían perder su clientela; los capitanes de los barcos que acostumbraban a emplearlos podían elegir a un práctico que estuviera presente, como él, y emplearlo regularmente en el futuro; pero su trabajo les permitía pasar gran parte de cada invierno en sus casas del norte de Inglaterra. En una estación, un ruso entró en su compartimento. Ellos, que preferían estar solos, me dijeron: «Verás cómo vamos a convencer a este hombre para que se vaya a otra parte». Lo único que hicieron los tres fue encender pipas de tabaco muy fuerte. Debo decir que los vapores resultantes en el vagón cerrado nos hicieron salir de su compartimento tanto al ruso como a mí.

En Changchun cambiamos del tren ruso al japonés, y el rumor que corría a bordo era que íbamos a ser herméticamente encerrados en el tren y que recorreríamos la zona asolada por la peste sin que se nos permitiera salir ni un instante. A medida que nos acercábamos a los distritos afectados, veíamos desde el tren pueblos desiertos, cuyos habitantes habían muerto o huido; patrullas de caballería japonesa vestidas con trajes contra la peste subían y bajaban por la vía férrea, mientras que infantería vestida de forma similar vigilaba cada estación. La ropa contra la peste consistía en un mono de algodón y una máscara, esta última hecha de malla cubierta con una gasa que se mantenía empapada en desinfectante. El mono se quitaba y desinfectaba cada vez que un soldado salía de servicio. En Mukden[17], contrariamente a lo que esperábamos, nos permitieron abandonar el tren y pasamos la noche en el Hotel Yamato, chapoteando entre esteras empapadas en alcohol carbólico para llegar a las habitaciones interiores. Al día siguiente continuamos nuestro viaje por ferrocarril hasta Shanhaiguan, donde finalmente nos trasladaron al Hotel del Ferrocarril, convertido en estación de cuarentena. Allí permanecimos diez días, tres europeos y cuarenta chinos. Los primeros días estuvimos a cargo de un médico francés, pero más tarde de un médico chino. Teníamos un jardín bastante grande para pasear, pero la puerta y todos los muros estaban vigilados por un soldado chino armado que se deleitaba cargando su fusil cuando nos subíamos a la pared para echar un vistazo al terreno que había fuera de nuestra prisión.

El doctor Morrison, corresponsal del *Times* que llegó por el ferrocarril siberiano poco después, investigó las causas de esta temible enfermedad. Los mongoles y los habitantes locales realizaban un gran comercio de pieles de marmota. Era tan rentable que los chinos llegaron a participar en el comercio. En determinadas épocas del año, las marmotas contraían una enfermedad. La población local sabía que era peligrosa y evitaba tocar a los animales en esa época del año, pero los chinos, demasiado impacientes e ignorantes, se contagiaban y la enfermedad se propagaba rápidamente y con extrema malignidad.

El hombre siempre hará todo lo posible por obtener pieles. El comercio de pieles fue en gran parte responsable de la expansión rusa en Siberia y de la colonización británica y francesa en Canadá.

La Gran Muralla China, que aquí llega hasta el mar, estaba custodiada por infantería japonesa, y demostró ser una excelente barrera para impedir que la peste llegara a las grandes ciudades del norte de China. Durante esta temible epidemia, en la que distritos enteros quedaron despoblados, no hay palabras de elogio que basten para describir la conducta del doctor Christie y sus colaboradores, médicos estadounidenses, chinos y de la Misión Británica. Muchos de ellos sacrificaron sus vidas tratando de salvar a la gente. El hombre que realmente impidió que la peste pasara al sur de la Gran Muralla fue el conductor de un tren de refugiados, un ex soldado del Regimiento de Dorset, que había sido uno de los asaltantes de Dargai en la Expedición Afridi de 1897. Este hombre, bajo su propia responsabilidad, dio la vuelta al tren y lo devolvió antes de que se emitiera ninguna orden de cuarentena. Si este tren de refugiados hubiera atravesado el muro y se hubiera permitido a los pasajeros dispersarse por el país, la enfermedad probablemente habría llegado a Pekín, Tianjin y otras grandes ciudades.

La cuarentena no se aplicó estrictamente. Una noche llegó el coronel Kornilov, del ejército ruso. Fue él quien, en 1917, como general, fue el único hombre capaz de mantener al ejército ruso firme contra los alemanes; pero debido a las intrigas de Kerenski y otros fracasó, y finalmente encontró una muerte de soldado por un proyectil bolchevique perdido; como su ayudante de campo turcomano —que estaba en la habitación en ese momento— me contó algunos años más tarde durante un viaje de Bujará a Mashhad[18] a través del desierto de Turquestán.

Me pareció bastante extraño que nos mantuvieran en esta estricta cuarentena mientras un coronel ruso podía viajar desde las zonas infectadas, venir a cenar con nosotros en la estación de cuarentena y tomar el siguiente tren a Pekín. Sin embargo, me explicaron que habían sido los británicos y los franceses quienes habían presionado al Gobierno chino para que instituyera la cuarentena y que, como los rusos no habían preocupado a los chinos en este asunto, ¡permitían el paso a los súbditos rusos!

Por fin terminó la cuarentena y nos permitieron continuar. Después de unos días en Tianjin llegué a Pekín. Allí me encontré con Putamdu —mi sirviente tibetano— que gracias a un telegrama mío había viajado desde Tíbet por Calcuta, con la ayuda de Thomas Cook & Sons, y había emprendido su primer viaje por mar hasta Shanghái y Pekín. Me alegré mucho de verle, pues no estaba en absoluto seguro de que, a los dieciséis años, se lanzara al mundo después de recibir el telegrama; y para mí era una gran ventaja y un consuelo contar al menos con una persona a la que conocía y en la que confiaba, de modo que no dependiera por completo de las personas contratadas localmente.

Como preparación para este viaje, le llevé a Bombay, donde le enseñaron a despellejar pájaros y otros especímenes de historia natural en la Sociedad de Historia Natural de Bombay. En su viaje se había alegrado mucho de ver y hablar con soldados indios en Singapur y Hong Kong. Al llegar a Hankou se encontró con un problema. Le había dicho que se reuniera conmigo en Pekín el 1 de marzo. La única manera de hacerlo era tomando el tren semanal especial que hacía el viaje en un día y medio, pero que sólo transportaba pasajeros de primera y segunda clase. Exigió ver al cónsul general, negándose a tratar con miembros subalternos de su personal. Después de algunas dificultades, se arregló el asunto y explicó que yo, su patrón, era una persona muy importante, que le había ordenado estar en Pekín el día 1 y que no se atrevía a llegar tarde. Al mismo tiempo, no me complacería que me presentaran la factura de un billete de segunda clase. Este asunto se resolvió satisfactoriamente, pero parece que se le fue la cabeza, ya que, a mi llegada a Pekín, descubrí que había reservado una habitación... ¡En el mejor hotel! Aquí vivía con estilo, como correspondía al hombre de confianza de un personaje importante de la época. Por desgracia, seguía vistiendo sus ropas tibetanas, lo que tuvo una consecuencia curiosa y, para mí, casi desastrosa.

Naturalmente, me preocupaba ocultar mis planes a los chinos, ya que, debido al estado de perturbación de su frontera tibetana, no verían con buenos ojos que un extranjero viajara por allí, pero no pude resistirme a visitar el famoso Templo del Lama en Pekín, aunque conversar con los internos en tibetano era arriesgarme a que se descubrieran mis planes. Un día, en compañía de dos oficiales de la marina italiana, Grazioli-Lante y Spagna, y dejando entrever que yo era un francés interesado en el budismo, visité el templo. Grazioli-Lante estaba aprendiendo mongol con uno de los lamas. Este lama le había dicho que sabía tibetano y que había vivido en Lhasa. Cuando nos conocimos, le hablé en tibetano. No entendió ni una palabra, ¡y tuvo que confesar avergonzado a su alumno que nunca había estado en Tíbet!

Me sorprendió comprobar que en el templo sólo vivían cinco monjes tibetanos, y de ellos sólo uno era del lugar. La mayoría de los lamas eran mongoles. Llamamos al tibetano y descubrimos que era un nativo de Litang, en el lado chino de la frontera. Hablamos en tibetano y le dije que había estudiado la lengua y la religión en Darjeeling. De inmediato me dijo: «Entonces le interesará conocer al oficial británico que vive con un sirviente tibetano en el gran hotel y que va a Tíbet para levantar al pueblo contra los chinos». Esto fue suficiente para mí, y le dije a mi acompañante que creía que había llegado el momento de marcharme. No tengo ni idea de cómo llegó el rumor al templo, pero si este tipo de cosas se decían antes de que yo partiera, las cosas no pintaban bien para el éxito de la empresa.

La distancia de Pekín a Hankou se cubría en treinta y seis horas. Una vez a la semana circulaba un tren de paso, pero otros días los trenes viajaban sólo de día y permanecían en una estación toda la noche, mientras los viajeros tenían que abandonar el tren y pasar la noche en una posada. Recibí un permiso especial por cortesía del director francés para permanecer en el tren toda la noche. Al llegar por la tarde estaba ansioso por estirar las piernas, y ambas noches conseguí convencer a un culi[19] para que me llevara a un pequeño lago donde disfruté de un poco de tiro al blanco, capturando patos y cercetas. Antes del amanecer repetí la sesión y regresé al tren a las siete, justo cuando arrancaba.

Estuve retenido en Hankou cuatro días, esperando un vapor, y finalmente, el 23 de marzo de 1911, embarqué en el *Tachimaru*, un vapor japonés. El viaje por el Yangtsé fue notable por los miles de patos que había en el río y que volaban en abanico frente al vapor. Eran casi todos patos silvestres comunes y estaban emparejados. Ansioso por apresurarme en la primera parte del viaje, telegrafié para que me preparasen un *wupan* en Yichang[20] para ascender los desfiladeros y rápidos del río. Un *wupan* —literalmente, cinco tablas— es una embarcación algo mayor que un *sampán* —tres tablas— y, aunque incómodo para un viaje de varios días, es más rápido que un *kwadze*, o una casa flotante.

Nuestro viaje de cuatro días de Hankou a Yichang no estuvo exento de incidentes. Una vez encallamos, y en otra instancia fuimos arrastrados contra la orilla por un remolino de la corriente y sólo escapamos de un accidente echando anclas.

En el vapor hice amistad con un joven oficial de las aduanas chinas, Osland-Hill, que más tarde ascendió a un alto cargo en aquel eficiente servicio. Osland-Hill había recibido órdenes de ir a Chongqing y debía viajar río arriba en *kwadze*, y me sugirió que lo compartiera con él.

Me alegré mucho de tener la oportunidad de viajar con un compañero agradable que conocía bien el idioma y el país; además, disfrutaría de mayor comodidad en un barco más grande. Muchos años después, él y su encantadora esposa, Nora Waln, autora de *House of Exile* —el mejor libro en inglés sobre la vida china—, *Reaching for the Stars* y otros libros, nos recibieron a mi esposa y a mí en Tianjin.

En Yichang cambié de planes, anulé las órdenes que había enviado para un *wupan*, y Hill y yo nos apresuramos a preparar un *kwadze*. Este cambio resultó desafortunado en algunos aspectos, como se verá. El barco, según el certificado del capitán, era de veintisiete toneladas y contenía una habitación de unos tres metros cuadrados en la que había una mesa y nuestras dos camas de campaña. El capitán vivía en un cubil en la popa que nuestros sirvientes utilizaban como cocina, mientras que la tripulación, compuesta por dos o tres personas, vivía en la cubierta de proa. Un vapor, el *Shantung*, hacía varios viajes por los desfiladeros durante el año, pero sólo podía cruzar los rápidos cuando el agua estaba a cierta altura. Cuando llegué a Hankou, me informé de que lo estaban reparando en Shanghái y que lo esperaban de inmediato. Sin embargo, decidí no esperar e intentar embarcar si se me adelantaba, cosa que nunca ocurrió.

Llegamos a Yichang el 26 de marzo. Yichang era la terminal del proyectado ferrocarril de Sichuan, y para poder mostrar algo a los accionistas —en gran parte forzosos—, se había construido parcialmente sobre quince kilómetros de llanura muerta desde la orilla del río hasta las colinas; donde las locomotoras circulaban lentamente por los campos sobre raíles sin lastre para deleite de la población, mientras se construía una bonita estación. No se había hecho ningún trabajo en las difíciles secciones montañosas, que incluían la mayor parte de la línea propuesta, con la excepción —algunos kilómetros río arriba— de una pequeña sección de tierra aislada en la que había una solitaria señal ferroviaria pero sin raíles. Esto sin duda impresionaba a los viajeros del río por la energía con la que se estaba impulsando esta empresa, puramente china y sin ayuda extranjera.

En Yichang oí el rumor de que un oficial británico se dirigía a Tíbet para informar sobre un camino por el que los británicos podrían invadir Tíbet desde India. Me pregunté si el desafortunado rumor que había oído en el Templo del Lama de Pekín podría acompañarme.

Salimos de Yichang el 28 de marzo. El barco del mayor Goldschmidt y su esposa, que estaban de gira por lugares remotos del mundo, acompañaba al nuestro; pero, después de haber hecho sus arreglos de antemano, pronto se alejaron de nosotros en un barco mejor. No es este el lugar adecuado para describir las gargantas del Yangtsé, sobre las que tanto se ha escrito, pero mi impresión fue que el desfiladero de Yichang, el primero al que se llega, es tan hermoso como cualquier otro, y un viajero en busca de paisajes podría, si tiene prisa, ahorrarse la molestia de recorrer todo el camino a través de las montañas.

A principios de abril, la floración de melocotoneros, almendros y otros árboles frutales añadía belleza y maravilla al paisaje. El viaje por el río desde Yichang a Chongqing en una casa flotante puede durar entre diez y cincuenta días, según el viento, y puede ser emocionante.

Cuando la brisa sopla río arriba, se despliega una vela con el acompañamiento de muchos cantos, y se avanza bastante bien, pero cuando no hay viento o este es contrario, se emplean largos remos, que no se usan como los nuestros, sino que se agitan en el agua casi paralelamente al curso del barco de la manera más ineficaz, por medio de los cuales la embarcación se arrastra lentamente. Los barqueros tienen una llamada peculiar que utilizan para atraer el viento cuando amaina, y después de gritar a menudo señalaban una ondulación que subía por el río en respuesta e intentaban convencernos a los escépticos de que ellos la habían provocado. Grandes remolinos bajan por el río y, si la embarcación queda atrapada, da vueltas sobre sí misma y se precipita río abajo hasta que puedan sacarla a aguas más tranquilas. Esto nos ocurrió una vez, y perdimos ochocientos metros de distancia ganada con esfuerzo. Pasamos muchos juncos grandes río abajo.

Durante el viaje se desarma la cubierta y todo lo movible se amarra firmemente en un lugar seguro, y unos seis u ocho tripulantes sujetan cada remo largo y lo giran, cantando a voz en grito, apenas consiguiendo mantener el rumbo, mientras la gran embarcación se precipita río abajo. El capitán, que es quien gobierna, debe tener nervios de hierro para mantener la cabeza en su sitio, y la mayoría de los numerosos accidentes se producen en embarcaciones que vienen río abajo, cuando es fácil que pierdan el control.

En un momento dado, un gran junco que estaba justo delante de nosotros se soltó y parecía que se nos iba a caer encima, pero gracias a una hábil maniobra se mantuvo a distancia y nos pasó justo por delante.

Nos acompañó un «bote rojo». Se trataba de embarcaciones oficiales de salvamento que recorrían los rápidos para recoger a los moribundos. La historia cuenta que, en un principio, los barqueros cobraban un dólar por cada cadáver que recuperaban, pero por un hombre vivo sólo lo que este podía darles, por lo que los salvavidas retenían a los hombres hasta que valían un dólar. El «bote rojo» era un complemento extremadamente útil y viajaba mucho más rápido que el *kwadze*, por lo que podíamos ir delante en uno de ellos, desembarcar y volver al *kwadze* cuando este pasara. En Pingshanba pasamos por una aduana china, donde un noruego del servicio de aduanas examinó nuestros papeles; me dijo que si seguía hasta Liantuo en el «bote rojo» podría cazar algunos ñandúes y faisanes dorados y regresar después a la casa flotante. Así lo hice, pero no vi faisanes, aunque un pequeño ciervo salió de un escondrijo y la gente me mostró algunas pieles de faisanes dorados que querían vender. Me acompañó en mi aventura un viejo cazador chino con una escopeta muy rara con culata de pistola. No había gatillo, sino un orificio en el lateral del cañón al que aplicaba un trozo de cuerda incandescente que sujetaba con la mano derecha.

Al llegar a un rápido suele haber una masa de todo tipo de embarcaciones, desde sampanes a juncos, agolpándose, como gente que va a un partido de fútbol, en el cuello de botella por donde se puede pasar el rápido. En la orilla, una hilera de culis, llamados «rastreadores», se atan a largas cuerdas de bambú y elevan la embarcación por la empinada pendiente de agua; en los lugares donde estas cuerdas han pasado durante cientos de años por encima de las rocas, han hecho surcos de varios centímetros de profundidad. El capitán hace señales a los rastreadores desde el barco tocando un tambor. En el rápido de Shantung tuvimos un accidente. Llevábamos dos gruesas cuerdas atadas a la barca y los culis tiraban de ellas hacia arriba cuando una de las cuerdas se rompió. Nuestro capitán, con gran aplomo, cogió un hacha y cortó la otra cuerda, lo que salvó a todos los culis que estaban atados a la cuerda sana de ser arrastrados de nuevo al agua, y lo único que les ocurrió fue que cayeron de bruces, como si les hubieran disparado. Nuestro bote fue arrastrado un kilómetro antes de que pudiéramos enderezarnos, y tuvimos que regresar y esperar nuestro turno en la cola entre todas las demás embarcaciones. En una ocasión, un pequeño comerciante subía en un sampán cargado con sus mercancías. Algo falló en el manejo de la embarcación, y en lugar de subir a la superficie, el sampán fue arrastrado por el agua. Era ridículo, y a la vez lamentable, ver al hombre aferrarse a su bote cuando estaba medio lleno de agua, pero finalmente se dio por vencido y subió a bordo de nuestro barco mientras toda su mercancía era arrastrada río abajo.

Se dice que la proporción de naufragios en estos rápidos es uno por cada diez y nosotros fuimos unos de los desafortunados. En realidad, no vimos lo que pasó porque estábamos dando una vuelta por la orilla, cosa que solemos hacer en los rápidos. A la entrada del desfiladero llamado «Caja de viento», nuestra embarcación había pasado las partes más peligrosas y caminábamos por la ribera del río observando a un pescador que recogía pequeños peces con una red de mano. Nuestro barco estaba, excepto el mástil, oculto por un pequeño promontorio rocoso, y al mirar hacia arriba, nos dimos cuenta de que el mástil estaba notablemente quieto y en un curioso ángulo.

Seguimos adelante y nos encontramos con nuestra embarcación a pocos metros de la orilla, atascada en unas rocas, con la proa en aguas tranquilas, mientras la rápida corriente bañaba su popa. La situación era apremiante, ya que el barco era viejo y estaba podrido, y las rocas habían atravesado sus maderas. La bodega, que era lo único que teníamos para nuestros largos viajes, estaba llena de agua. Había sido un barco inservible desde que salimos de Yichang, y ya uno o dos días antes la bodega se había llenado de agua por las goteras, y muchas de nuestras cosas se habían echado a perder. Lamenté haber cambiado mis planes y haber abandonado el pequeño barco que estaba preparado para mí por otro que no había sido cuidadosamente seleccionado para el viaje y cuya única cualidad era que estaba disponible.

Nos dijeron que nuestro bote había tocado una roca en el tercer rápido, y para evitar que se hundiera en aguas profundas, el capitán había tratado de vararlo, pero sólo había conseguido encallarlo en unas rocas a pocos metros de la orilla. La embarcación parecía firmemente sujeta, sacamos una tabla y subimos a bordo. El capitán demostró claramente que no tenía esperanzas de salvar el barco, y se dedicó a la ahorrativa ocupación de salvar todo lo rescatable, incluso pequeños hilos de cuerda de la jarcia. Había una fuerte corriente que fluía bajo la popa del barco y un fuerte viento, y parecía probable que las fuerzas combinadas del viento y el agua pudieran moverlo, así que rápidamente sacamos todas nuestras cosas a tierra.

Estábamos en una parte aislada del río, a cierta distancia por encima de las cabañas de los rastreadores en el rápido. No había ninguna casa cerca y parecía que tendríamos que dormir a la intemperie. Esto habría sido desagradable, pues la fuerte brisa levantaba nubes de arena; así que, pensando que era bastante seguro, volvimos a bordo para dormir, apuntalando nuestras camas con trozos de madera.

Hacia la una de la madrugada me caí violentamente de la cama y me encontré rodando hacia el lado del barco de Osland-Hill. Nos dimos cuenta de que había ocurrido algo y corrimos hacia la orilla; en la oscuridad y con las prisas caí en la bodega, que estaba llena de agua, llegándome esta hasta el pecho y me empapé. Lo que había ocurrido era que la rápida corriente bajo la popa había desplazado el barco y aumentado su escora. Fue una suerte que no se hundiera en las aguas profundas y agitadas y nos ahogara a los dos.

Esperamos unos minutos para ver si volvía a moverse, y luego subimos a bordo y apuntalamos nuestras camas y las pocas cosas que nos quedaban. Acabé la noche durmiendo en la orilla bajo una tormenta de arena, con la cabeza metida en una de nuestras cajas en un intento de evitar la arena en suspensión. Para completar nuestro malestar, a las cuatro de la madrugada empezó a llover y siguió diluviando toda la mañana. Nuestro capitán se las arregló para conseguirnos un par de sampanes de algún lugar, en los que colocamos nuestras cosas y las cubrimos con velas y bambúes que, sin embargo, pronto quedaron empapados. Después de una de las noches más incómodas que he pasado, continuamos nuestro viaje bajo una lluvia torrencial y llegamos a Zigui[21] a las diez de la mañana del 3 de abril.

Aquí nos entretuvo el señor Liu, un funcionario de correos chino, que era amigo de Osland-Hill, y nos vimos obligados a esperar un día para conseguir un barco en el que continuar el viaje. Pasamos un tiempo bastante agradable, siendo agasajados por el señor Liu y otros funcionarios chinos, y acudiendo accidentalmente a una cena china de diecinueve comensales en dos mesas redondas. También visitamos a un hombre rico llamado Bao, que tenía una hermosa casa situada en un bonito jardín donde las palomas y otros pájaros nos hacían olvidar que estábamos en medio de una ciudad sucia.

Como era costumbre en China, habíamos firmado un contrato con nuestro capitán y le habíamos dado un anticipo de dinero para poner el barco en orden para el viaje; más tarde se nos devolvió un saldo que se nos debía debido a este accidente. Este sistema de contratos parece ser universal en China, y el gremio se encarga de que el contratista cumpla su contrato o devuelva el dinero, un procedimiento muy honesto y satisfactorio. El 4 de abril salimos de Zigui a la una y media de la tarde y a las seis y media de la noche del día 6 llegamos a Wanzhou[22], el final de mi viaje fluvial.

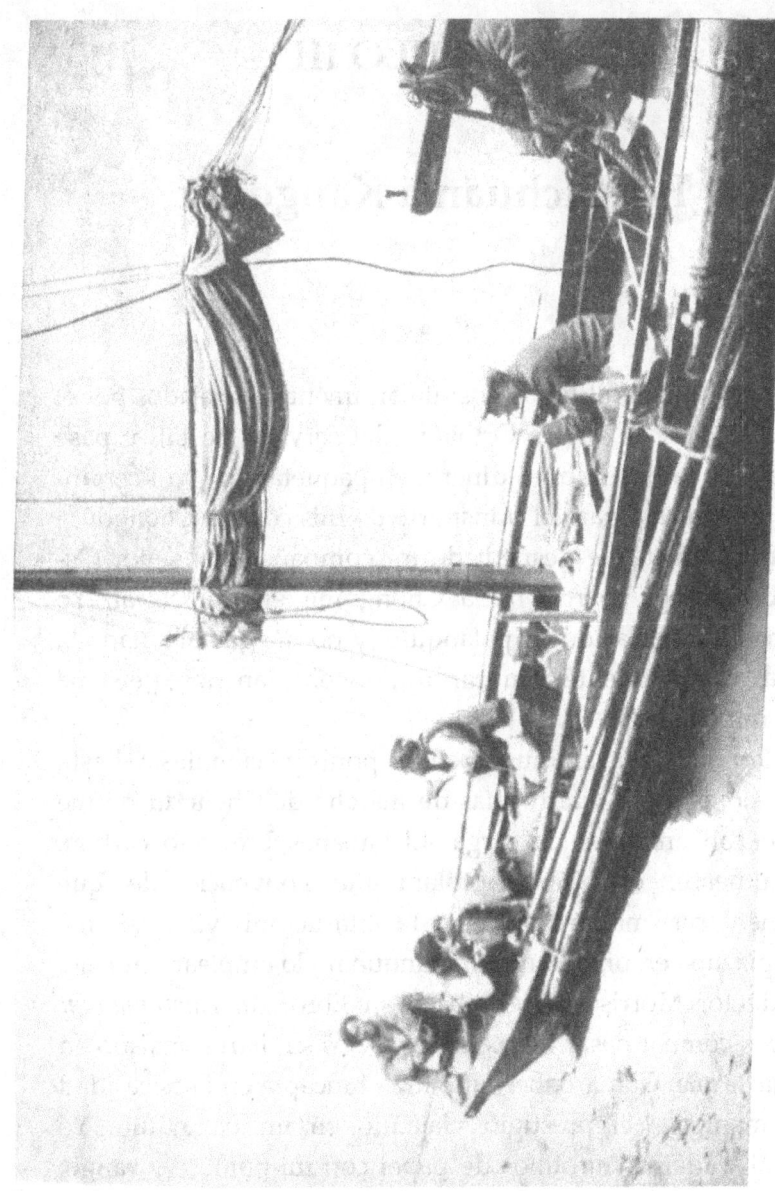

OSLAND-HILL EN NUESTRO BARCO EN EL YANGTSÉ

CAPÍTULO III

Por Sichuan a Kangding

EN Wanzhou fuimos hospitalariamente agasajados por el señor y la señora Ortolani, del servicio postal, y pasé tres días cambiando mi dinero, empaquetando y concertando un contrato para el transporte de mis cosas a Chengdu[23]. Aquí también me despedí de mi compañero, el señor Osland-Hill, que partió hacia Chongqing en un *wupan*. Yo nunca había viajado en palanquín, y no me gustaba nada la idea, así que intenté comprar un poni en Wanzhou, pero me fue imposible.

Por aquí se usan muy poco los ponis y las mulas, y hasta que no estuve a cuatro días de marcha de Chengdu no me topé con animales de carga. Llevaban sobre todo carbón. Finalmente, el señor Ortolani me convenció de que aumentaría mi prestigio y facilitaría mi viaje si me desplazaba en un palanquín, aunque no lo empleara mucho. El doctor Morrison, escribió en su libro, *An Australian in China*, cómo a pesar de recibir consejos similares, insistió en viajar a pie. Cita a Baber, que hizo hincapié en la necesidad de mantener el prestigio viajando en un palanquín. Yo llevaba además farolillos de papel con mi nombre y rango. También necesitaba palanquines para mis dos sirvientes, el inútil chico pekinés y Putamdu. El 9 de abril, mi primer día desde que dejé Wanzhou, caminé casi todo el trayecto y sólo me senté en el palanquín durante un chaparrón. Más tarde viajé más en él, pero nunca pude acostumbrarme a que me subieran a una colina empinada y a caminar por esos lugares. Un extranjero era lo bastante raro como para llamar la atención, y me pareció mejor viajar en el palanquín al pasar por las ciudades, pues la gente se agolpaba a mi alrededor e incluso tocaba mi ropa por curiosidad. A veces incluso rodeaban mi palanquín y me miraban fijamente, y yo solía desplegar la cortina delantera cuando esto ocurría. Una vez, un hombre tuvo la impertinencia de acercarse y apartar la cortina para ver al «demonio extranjero». Vi que iba a hacerlo y, en cuanto miró, lancé tal rugido que huyó despavorido, para regocijo de la desenfadada multitud. Según el sistema de contratos, los culis debían llevarme a mí y a mi equipaje desde Wanzhou hasta Chengdu —una distancia de casi 725 kilómetros— en un número acordado de días y por un precio convenido. Cuando sus hombros se resentían, contrataban a su vez a hombres del lugar para llevar las cargas, y yo quedaba libre de toda responsabilidad. Una vez, cuando sus jefes habían contratado a hombres de la zona para llevar la carga, me pidieron que me subiera al palanquín, ¡porque no entendían por qué tenían que pagar a unos hombres por llevar un palanquín vacío!

Cubrir la distancia de Wanzhou a Chengdu me llevó catorce días. Tenía veintiún culis, incluidos nueve para los tres palanquines —cuatro para mí, tres para mi gordo chico pekinés y dos para Putamdu—. Solía ponerme en marcha entre las cinco y las siete de la mañana y viajaba hasta las diez o las doce, cuando llegaba a algún pueblo y paraba una o dos horas para comer en una posada y descansar a los porteadores. Luego continuaba hasta entre las tres y las seis de la tarde, cuando llegaba a mi destino y me hospedaba en una posada. En muchos lugares, el camino está pavimentado con losas de piedra. Son ruinosas para las botas y me hubiera gustado llevarme unos clavos de repuesto. Habrían ocupado poco espacio y peso y me habrían ahorrado muchos problemas, molestias y algunos mareos. Fue principalmente debido al desgaste en esta parte del viaje que llegué a India con los pies envueltos en trozos de mi bañera de lona Willesden en vez de hacerlo con mis botas. El terreno consistía en llanuras planas que se alternaban con cadenas de colinas bajas. Según mis instrumentos, no había nada que superase los mil quinientos metros sobre el nivel del mar. En las llanuras se cultivaba arroz, colza y judías; en las colinas sólo había árboles y bambú.

El viaje por las llanuras era monótono y la sucesión de colinas fue un gran alivio. El cultivo es, en su mayor parte, de regadío y los campesinos disponen de varios ingeniosos dispositivos para elevar el agua. Lo que tomé por uno de estos me desconcertó mucho. Una rueda muy grande en la que estaba enrollada una larga cuerda de bambú dejaba caer un peso en un agujero de diez o doce centímetros de diámetro. Más tarde descubrí que se trataba de una perforación para extraer salmuera, que se evapora para obtener sal. Algunas de estas perforaciones tienen la poco creíble profundidad de novecientos metros, como señaló el señor Archibald Little, y, según el mismo escritor, pueden tardar hasta treinta años en perforarse. Me crucé con cargamentos de algodón, pimienta y carbón, todo ello transportado a Wanzhou. Lamenté no haber traído un culi cargado de agua con gas; incluso una botella al día habría sido bienvenida. El agua no era buena en ninguna parte y la bebía casi siempre en forma de té. Vivía de lo que podía comprar en las posadas. La única carne disponible era la de cerdo y pollo; las patatas no se conseguían en ninguna parte. No vi caza, salvo algunas becacinas en los campos de judías cercanos a Chengdu. De vez en cuando, en las ciudades, los funcionarios me pedían la tarjeta de visita, pero nunca el pasaporte.

Llegué a Chengdu el 22 de abril y me fui a un hotel chino. Me dijeron que en un restaurante cercano podía comer «comida extranjera». Resultó ser en una gran mesa amueblada con un mantel blanco con cuchillos y tenedores, pero la comida era la misma que los clientes chinos comían en las otras mesas. Me di cuenta de ello cuando encontré una estrella de mar flotando en la sopa. El señor —más tarde sir— William Wilkinson era nuestro cónsul general, y muy amablemente me invitó a trasladarme al consulado, cosa que hice con mucho gusto. Chengdu era una ciudad amurallada de 450.000 habitantes, con una distancia alrededor de las murallas de unos trece kilómetros. Había algunas tiendas bastante pretenciosas donde vi a la venta prismáticos, termos y otras cosas por el estilo. Compré una navaja de afeitar de muy mala calidad para reemplazar una que se le había caído a mi sirviente en el Yangtsé, y también compré la única lata de galletas de Huntley y Palmer que pude encontrar. Eran barquillos de azúcar rosa, no exactamente lo que yo habría elegido si hubiera habido una gran selección, pero más tarde me alegré, pues tras haber sido reducidas a polvo al ser sacudidas en yaks y otros animales, cuando no pude conseguir más que comida tibetana, descubrí que una rociada de este polvo sustituía el azúcar, del que no tenía nada. También pude conseguir aquí un buen traje militar caqui.

Chengdu, en esos días, era un gran centro militar, y por todas partes se veían soldados del nuevo ejército chino, muchos ejercitándose con un paso de ganso muy prusiano. Parecían tener un plantel de cornetas más numeroso que el nuestro, que era proporcionalmente ruidoso.

Oí una curiosa historia sobre el intento de emplear aquí un globo militar; no puedo dar fe de la exactitud de los detalles. El globo fue diseñado por un anciano de sesenta años, que nunca había visto uno, sino que trabajaba enteramente a partir de descripciones. Una vez terminado, nadie accedió a subir en él, por lo que se obligó a un huérfano a montarse dentro. Para sorpresa de todos, y terror del miserable huérfano, el globo se elevó, pero los petardos que le habían atado para celebrar el acontecimiento prendieron fuego al globo, que explotó. Se fabricó un segundo globo que se lanzó sin petardos esta vez. Tras elevarse unos metros, cayó estrepitosamente en un estanque. Un tercer intento tuvo más éxito y se dice que el globo se elevó unos dos metros, desde cuya altura cayó y dañó el tejado de la Oficina de Asuntos Exteriores. Se ordenó que no se volviera a intentar en el futuro. Aquí se utiliza una curiosa carretilla con la rueda sobresaliendo en el centro, en la que los opulentos se tumban mientras son llevados a la ciudad. También se llevaban al mercado numerosos cerdos chillones y sacos de carbón atados a estas carretillas. Durante mi estancia en Chengdu apareció un párrafo en un periódico local que decía que se había oído a un extranjero hablar tibetano en la ciudad. Nunca supe si se refería a mí o a alguno de los misioneros destinados aquí, algunos de los cuales sabían tibetano; pero siempre tuve la impresión de que los rumores del Templo del Lama de Pekín y la historia similar de Yichang podían acompañarme.

En Chengdu, mi chico de Pekín intentó que le enviara de vuelta. Lo había traído como intérprete y, como ni Putamdu ni yo sabíamos chino, era necesario contar con alguien que conociera el idioma y las costumbres del país, que pudiera comprar comida y, en general, ocuparse de las cosas. Yo le había explicado en Pekín que me dirigía a Kangding, en la frontera tibetana, y que desde allí le enviaría de vuelta, pero mi ignorancia de las costumbres me impidió obtener de él un acuerdo por escrito. Ya en Wanzhou empezó a sentir nostalgia, pero pronto le hice ver que no iba a permitir que me dejara allí en la estacada. Cuando llegamos a Chengdu hizo otro intento. «Ta» significa «grande» en chino, y trató de hacerme creer que había entendido en Pekín que tenía que ir a Ta-Chengdu, la «gran Chengdu», y no a Tachienlu[24], y que, como había llegado hasta allí, ahora se disponía a regresar. Tuve algunas dificultades para conseguir retenerle, a falta de un contrato escrito.

En Chengdu compré unos bordados bastante curiosos, figuras de seda sobre franela roja, con el pelo, la barba y el bigote de cabello humano cosidos en el bordado.

Después de cinco días de delicioso descanso con el señor Wilkinson, salí de Chengdu el 27 de abril. Al día siguiente nos interesó ver en el camino a un grupo de chinos que montaban en ponis con sillas y mantos tibetanos, la primera señal que indicaba que nos acercábamos a Tíbet. Aquella noche cené con el señor y la señora Olsen, de la Misión del Interior de China, en Xinjin, donde dormí en un templo. Después de dejar Chengdu me alojé con frecuencia en templos, mucho más limpios que las posadas. Si el sacerdote hacía ruidos desagradables con tambores, campanas, etcétera; siempre estaba dispuesto a suspender su servicio cuando veía que me molestaba.

El 31 de abril[25] llegué a Ya'an[26]. Allí conocí al doctor Shields y a su esposa, de la Misión Bautista Americana, y con su ayuda pude ver una de las grandes empresas que exportan té, especialmente preparado para el mercado tibetano. Los tibetanos son grandes bebedores de té, y se cree que su población, estimada en tres millones, consume más de nueve millones de kilogramos al año. Tienen una arraigada objeción a cualquier tipo de té que no sea de las marcas chinas, especialmente preparadas para ellos, a partir de la hoja más gruesa mezclada con ramitas. Tan fuerte es este encaprichamiento que este tosco té —que ningún chino querría beber— es transportado en culis y yaks desde una distancia de dos mil cuatrocientos kilómetros, y bebido por los tibetanos en los salones de té de Darjeeling. Este té también se transporta hasta Ladakh y Cachemira. Vi cantidades de este té grueso amontonadas en los balcones de las casas, y también vi algunas secándose al sol en la sucia calle del pueblo con perros tumbados encima. Se pesa cuidadosamente la cantidad necesaria para cada ladrillo y, tras cocerlo ligeramente al vapor para que se adhiera, se coloca en un tubo de madera y se aprieta a mano. El embalaje es un proceso complicado. Hay varios envoltorios de papel amarillo y rojo, uno de los cuales vi impreso con un tosco bloque de madera con caracteres chinos y tibetanos; por fuera de todos hay sellos y parches de pan de oro que indican la calidad y, al parecer, los compradores son muy exigentes en estas cuestiones. Cuando los ladrillos están bien envueltos, se empaquetan en un tubo de estera de bambú. Estos tubos suelen contener cuatro ladrillos colocados uno al lado del otro, y pesan unos once kilogramos; algunos tubos más pequeños, de sólo dos ladrillos, se hacen para que los lleven los niños. En cada uno de estos tubos de estera de bambú los empaquetadores colocan un pequeño manojo de ramitas de té sin hojas, que, según me dijeron, era una medicina que se sacaba, se machacaba y se comía en caso de enfermedad en el camino.

Los culis que llevan este té a Kangding deben de ser unos de los porteadores más maravillosos del mundo. La carga habitual que vi en el camino era de siete a nueve tubos que pesaban entre setenta y seis y noventa y ocho kilogramos, pero aparentemente los culis más débiles abandonan y dejan que los más fuertes continúen con las cargas, porque, a medida que nos acercábamos a Kangding, notamos que las cargas eran cada vez mayores y más pesadas, hasta que vi a un hombre que llevaba dieciséis tubos, de unos ciento setenta y cinco kilogramos, un peso que no se pediría ni a dos mulas. En un lugar vi ponis y mulas que transportaban este té; iban cargados con entre siete y nueve paquetes, la mitad del peso que lleva un hombre. Los hombres no eran especialmente fuertes ni grandes. Viajaban unos quince kilómetros al día por caminos pavimentados, empinados y montañosos y, por supuesto, hacían descansos frecuentes, en los que utilizaban un palo en forma de te, para descargar el peso de sus espaldas. También hacen paradas más largas en las numerosas casas del té que hay a lo largo del camino. Un hombre se apoya en la pared y se desata de su cargamento. Descubrí que no podía mover estas pesadas cargas lejos de la pared, ni apartarlas del muro. Cuando un culi quiere continuar, se le ata de nuevo el cargamento y algunos compañeros tiran de éste hasta que el peso recae sobre su espalda. Por increíbles que sean estas cargas, varios viajeros han visto otras aún más pesadas. Tanto el señor Rockhill como el general Davies vieron diecisiete tubos, mientras que el capitán Gill informa de una carga de dieciocho, con un peso de ciento noventa y cinco kilogramos. Al llegar a Kangding se desempaqueta el té y los ladrillos se cosen en fardos de piel cruda, y así es llevado hasta Lhasa o más allá. Este fardo se llama en tibetano *cha-gam* o «cofre de té» y tiene casi el valor de una moneda. Pasé por un pueblo llamado Mingshan, famoso por tener el mejor té, donde afirman que tienen arbustos de dos mil años de antigüedad.

Entre Ya'an y Kangding vi dos curiosos métodos de pesca: un hombre tenía cormoranes domesticados, cada uno con una cuerda atada al cuello para evitar que se tragaran los peces. Estos pájaros buceaban alrededor de su barca, y cuando atrapaban un pez nadaban hacia su dueño, y este los subía a la barca con una pértiga en la que se posaban; entonces les sacaba el pez de la boca, y los devolvían al agua para pescar de nuevo. El otro método era igual de curioso, ya que los hombres utilizaban carretes tipo «Malloch» primitivos. El carrete consistía en una sección hueca de bambú de unos quince centímetros de diámetro, que el hombre sujetaba con la mano izquierda. Lanzaba el sedal por debajo con la caña en la mano derecha, al mismo tiempo que lo dejaba correr por el carrete exactamente igual que con un «Malloch», y luego lo recogía girando el carrete y recogiendo el sedal en él. Mientras hacía esto, daba a la caña grandes sacudidas cuyo objeto no pude comprender hasta que la examiné y vi que era de una fina raíz. Entonces descubrí que sus moscas eran plumas negras atadas unos centímetros por encima de los anzuelos. Cuando el pez seguía la mosca, estas sacudidas enganchaban su cuerpo en los anzuelos.

En Ya'an vi unas peculiares balsas en el río que mantenían su flotabilidad gracias a las secciones herméticas de enormes bambúes. Estos bambúes estaban unidos por el extremo más delgado y formaban una proa como la de un barco, pero sin borda. Son flexibles y ceden al pasar sobre las rocas en los rápidos del río.

Me crucé con hombres en el camino cargados con el «insecto de la cera blanca». Se trata de un insecto aparentemente inerte, parecido a una grosella seca. Se coloca en los árboles una ramita con algunos ejemplares, y las criaturas no tardan en crecer y extenderse por las ramas, que se cortan y se hierven para extraer la cera con la que se fabrica la laca. Cada carga estaba coronada por una pequeña bandera roja que tiene alguna relación con un impuesto o un monopolio gubernamental.

El 3 de mayo crucé un paso, el Daxiang Ling, que según mi hipsómetro estaba a 2.855 metros de altitud. Aquí vi algunos rododendros rojos y blancos en flor, mientras que bajo la cima había algunos de color malva pálido. El terreno parecía más seco después de cruzar el paso, con el resultado de que el pueblo de Qingshe, donde pasé la noche, era el lugar más limpio que había visto en China. La población estaba rodeada por una muralla en forma de triángulo equilátero, cada lado de 1,2 kilómetros de longitud, con las casas agrupadas bajo el centro de la muralla norte, mientras que el resto del recinto estaba cultivado. En esta localidad causé cierta consternación al enviar una carta certificada a casa. El jefe de correos se inquietó tanto que vino a verme. Teniendo en cuenta que el número de registro era «1», ¡supongo que no tenía mucha experiencia en este tipo de cosas!

El 5 de mayo crucé otro paso, el Feiyueling, de 2.850 metros de altitud, a ambos lados del cual había numerosos faisanes de Lady Amherst (*Thaumalea amherstiae*), y ansioso por conseguir algunos ejemplares, me detuve al día siguiente en Hualin. Al principio traté de conducirlos a campo abierto, pero me di cuenta de que no me darían ocasión de dispararles de esta manera, así que aceché a través de la selva donde muchos estaban trinando, y tuve éxito disparando a dos machos. Podría haber disparado a muchos más de esta manera, ya que son ruidosos y llamativos. Son aves magníficas, la cola de una de las que abatí medía casi un metro de largo, pero nada las persuade para volar. El representante del faisán común aquí (*Phasianus elegans*) es un buen volador; derribé una hembra con un buen tiro por encima de la cabeza y oí la llamada de los machos.

Aquí sentí mi falta de conocimientos de chino. Las pocas palabras que yo conocía habían sido recogidas en cenas y otras ocasiones sociales con los chinos en Tíbet. Las pocas expresiones eran, por lo tanto, de lo más corteses. Uno de mis culis se quedó a mi lado mientras sus compañeros se llevaban los faisanes de Amherst. Quise que se acuclillara en el suelo para que no lo vieran. Las únicas palabras que sabía eran las más educadas posibles, que podrían traducirse: «Por favor, tome asiento». No lo entendió en absoluto.

Ese día también capturé varias mariposas, entre ellas una nueva variedad, *Zinaspa todara neglecta*.

Empezaba a ver algunas señales de mi aproximación a Tíbet. La primera fue una silla de montar tibetana sobre una mula. Luego, por fin, me encontré con un *chorten* o santuario tibetano, rodeado de ruedas de oración que Putamdu hizo girar. Los dos últimos días de camino a Kangding fueron calurosos y secos. Aunque a menor altitud, el paisaje me recordaba a algunas zonas de Tíbet. Los lagartos se posaban en las rocas para atrapar insectos. Capturé un ejemplar de una mariposa grande y hermosa con varias colas, *Bhutanitis thaidina*, cuyas formas también se encuentran en Bután, y también muchas otras especies que se alimentaban en un sucio canalón del pueblo de Liuyang. Estaban tan concentradas en su comida que pude cogerlas con los dedos. La gente criaba abejas en una colmena rudimentaria hecha de un grueso tronco de madera cortado por la mitad, ahuecado y las dos mitades colocadas juntas, con una pequeña entrada para las abejas. He visto colmenas similares en Tíbet. Vi cómo transportaban una gran cantidad de té hasta Kangding. Los porteadores de té tomaban otro camino que el mío, y no había visto ninguno durante algún tiempo hasta que retomé su camino un día antes de Kangding. A los viajeros que habían pasado por el camino que yo seguí en Sichuan les había llamado la atención la cantidad de adormidera que crecía, pero yo no vi ni una sola planta.

Había vivido sobre todo de la comida del campo, que era buena. Tenía una pequeña reserva de conservas que tomaba de vez en cuando para variar. Una o dos semanas más tarde habría tenido fruta, aunque no estaba madura en esa época del año. Conseguí moras, pero las nueces, los melocotones y otras frutas no estaban todavía disponibles. En un lugar compré naranjas que mantuve frescas enterrándolas en arena húmeda.

Deshojando té en Sichuan

CAPÍTULO IV

Hacia el sur en busca del takín

LEGUÉ a Kangding el 9 de mayo. El Gobierno chino ha cambiado muchos nombres de lugares recientemente, y Tachienlu se llama ahora Kangding. Uno se encuentra aquí con la raza tibetana con sorprendente brusquedad. Aparte del santuario aislado de un día antes y algunas banderas de oración tibetanas, no se ve ningún signo de Tíbet hasta que se entra en la ciudad, que tiene un aspecto muy tibetano. El hipsómetro determinó que la altitud era de 2.591 metros, lo que concuerda bastante bien con las observaciones de viajeros anteriores.

El territorio era como una versión algo más seca del valle de Chumbi, situado entre Sikkim y Tíbet; la similitud aumentaba por la presencia de *dzos*. Se trata de un cruce entre un yak y ganado ordinario, capaz de vivir y trabajar a menor altitud que los yaks puros del alto Tíbet.

Aquí recibí una nota del señor Cunningham, de la Misión del Interior de China, que estaba de gira por el norte, ofreciéndome la casa de la misión, pero para entonces me había acostumbrado tanto a los toscos alojamientos disponibles en las ciudades chinas que me habría sentido fuera de lugar con mis rudos sirvientes en una casa decente, así que acepté su amable hospitalidad sólo hasta el punto de utilizar una habitación muy agradable sobre el porche que daba a su jardín.

Ahora me encontraba entre una población tibetana con la que podía hablar. Envié de vuelta —con gran alivio— al muchacho pekinés que me había visto obligado a mantener hasta entonces como intérprete, a pesar de sus muchos intentos de regresar, y de mi fuerte deseo de perderle de vista cuanto antes. En su lugar contraté a un lugareño llamado Wongshi, que hablaba su propio dialecto del tibetano y algo de chino, y que podía entender mi tibetano de Lhasa. En Lhasa y el Tíbet central, las palabras no se pronuncian como se escriben; por ejemplo, la palabra lobo se pronuncia «changu» y se escribe (y pronuncia cerca de Kangding) «spyangku». Me contaron que cada valle de esta zona tiene un dialecto diferente, pero el hecho de que muchas personas vayan a Lhasa como peregrinos, o como monjes y pasen algunos años en los grandes monasterios, hace posible viajar fácilmente con un conocimiento del tibetano de Lhasa. El tibetano es un idioma difícil de aprender coloquialmente, ya que se complica al tener una forma honorífica para casi todas las palabras, de modo que al hablar con los sirvientes, las personas con las que uno está más continuamente hablando, uno tiene que utilizar la forma ordinaria de la palabra cuando habla de uno mismo, mientras que el sirviente siempre utilizará la forma honorífica en su respuesta. Por ejemplo, si digo «trae agua», utilizo la palabra «chu» para el agua, mientras que mi sirviente, al responder, utiliza la palabra «chap». Así hay dos palabras para mi caballo, brida, silla, casa, ropa, cabeza y cada parte de mi cuerpo, el camino que recorro, las dificultades que experimento en él, etcétera;

como también para ir, venir, dar, sentarme, etcétera. Si se tiene en cuenta que la ortografía es muy distinta de la pronunciación y que en la escritura se utiliza con frecuencia un tercer modo totalmente diferente, se pueden imaginar las dificultades. Por poner un ejemplo: yo me refiero a mi sirviente como *yok-po*, que se escribe «kyok-po», pero él se refiere a sí mismo en la conversación conmigo como *shapchi*, que se escribe «shaps-chi».

Kangding era el cuartel general de una misión católica francesa y la sede del obispo, en el momento de mi visita, monseñor Girondeau, a quien conocí. Me recibió como lo habría hecho un oficial chino. La habitación era china, así como su ropa, y fumaba una larga pipa china. Llevaba en la misión desde el año 1878. Un libro muy interesante, *La Mission au Tibet*, da cuenta de esta misión y del maravilloso coraje de los sacerdotes franceses al persistir en sus esfuerzos a pesar de numerosas masacres. Es una cuestión de honor para estos franceses no volver nunca a casa después de haber emprendido este trabajo. La historia de uno de estos misioneros, el señor Desgodins, es más maravillosa que cualquier romance. Salió de Francia siendo joven en 1855 e intentó llegar a Tíbet a través de Darjeeling, pero no lo consiguió. Poco antes, dos de sus colegas, Krick y Bourry, intentaron entrar desde Assam a través de las Colinas Mishmis, pero fracasaron y ambos sacerdotes fueron asesinados por los mishmis. Desgodins intentó entonces entrar en el Tíbet occidental. En el camino a través de India se encontró con el motín indio y permaneció retenido durante algún tiempo en Agra. Cuando por fin pudo marcharse, penetró en las montañas más allá de Shimla, pero cuando se encontraba en el umbral de Tíbet, él y su compañero, para su decepción, fueron reclamados por cartas de sus superiores. Regresaron a India y, como el motín aún estaba en curso, Desgodins se unió a una fuerza británica como capellán y marchó con ellos a Calcuta.

Dejó constancia de su profunda gratitud por la ayuda y el generoso trato que recibió de los británicos de todos los rangos y se mostró especialmente agradecido por su salario, que ahorró a su misión el coste de su viaje a China.

Desde Calcuta se embarcó para China, y desde allí intentó de nuevo la entrada en Tíbet y permaneció en la frontera tibetana durante muchos años, escapando siempre, por fortuna, de las masacres a las que de vez en cuando era sometida la misión, hasta que, ya muy anciano, regresó para terminar sus días en Pedong, en la frontera de Sikkim, donde yo le conocí. Murió en 1918 a una edad avanzada, negándose él mismo volver a ver su Francia natal.

Los sacerdotes franceses en China tenían rango oficial chino, y todos vestían ropas chinas y vivían al estilo chino. Una vez, un misionero británico, también vestido de chino, me acompañó a visitar a un sacerdote francés. Se saludaron exactamente como lo harían dos funcionarios chinos, y su conversación se desarrolló en chino, el único idioma que tenían en común. Los sacerdotes franceses ejercen competencias ministeriales sobre los conversos. Probablemente, esto les sea de gran ayuda en China para hacer conversos —aunque es más que dudoso que sean conversos de corazón—, pero este rango oficial es una desventaja negativa en el trato con los tibetanos. Nada me sorprendió más que la forma en que estos franceses, y muchos otros misioneros, habían adoptado la actitud china hacia Tíbet. Parecían considerar a los tibetanos unos bárbaros totalmente incivilizados y esperaban con impaciencia el momento en que fueran sometidos por las armas chinas y se permitiera la entrada de misioneros en el país. Esta actitud debe explicar la hostilidad de los tibetanos, especialmente en la frontera china, hacia las empresas misioneras. De mi propia experiencia de tres años en Gyantse me forjé una opinión diametralmente opuesta. Mi experiencia siempre había sido que el oficial tibetano no era menos caballeroso, agradable y fiable que los oficiales chinos que había conocido en Tíbet y, manteniendo esta opinión, pude viajar a partes de Tíbet que los chinos estaban sometiendo, donde un chino habría sido asesinado rápidamente y donde un misionero que sostuviera el punto de vista chino probablemente habría sufrido el mismo destino. En el momento de mi visita, uno de los sacerdotes, *monsieur* Ouvrard, estaba supervisando la construcción de una hermosa iglesia en Kangding.

Durante mi estancia en Kangding llegó inesperadamente de Yunnan una dama norteamericana, la señorita Kendall, y cenamos juntos. Más tarde publicó un relato de su viaje titulado *A Wayfarer in China*. En él se mostraba sorprendida de que alguien pudiera tener algo bueno que decir de los tibetanos, otro caso de la rápida adopción del punto de vista chino.

Para las primeras etapas de mi viaje había traído algunas conservas europeas, pero estaba ansioso por deshacerme de estos engorrosos lujos y pasar a la comida del campo —a la que, según mi experiencia, uno se acostumbra muy pronto y no echa de menos cosas que en el corazón de la civilización parecen ser necesarias—; una excelente oportunidad se presentó con la presencia de una invitada a cenar. *Miss* Kendall, al describir nuestra pequeña cena, dijo: «Me impresionó, como tantas otras veces, la comodidad con que un hombre se las arregla para asegurarse cuando viaja. Si es absolutamente necesario, se limitará a vivir con lo mínimo, pero por lo general la mujer, si ha decidido vivir duramente, es mucho más indiferente que el hombre a las mentiras blandas y a la vida ostentosa, especialmente a esta última». Tal fue el efecto producido por mis últimas latas de salchichas y sardinas.

En Kangding visité al rey de Chala[27], que no me causó buena impresión. Era el representante de la antigua raza dominante, pero en el momento de mi visita era una mera marioneta en manos de los chinos. Iba vestido de chino, pero hablaba una forma difícil de tibetano. Sir Reginald Johnston le conoció cinco años antes de mi visita, y en su libro *From Peking to Mandalay* dijo: «Si dentro de cinco años el rey sigue dirigiendo las fortunas de su pequeña monarquía, merecerá mucho crédito por su hábil manipulación de los asuntos durante un período muy difícil».

Poco después de mi visita, concretamente en agosto, el rey de Chala, junto con otros treinta jefes locales, fue privado de todo poder y rango por Zhao Erfeng, el «guardián de las fronteras», y obligado a entregar sus sellos a las autoridades chinas. Algo más tarde, en la época de la revolución, fue despojado de toda su propiedad privada.

Murió en 1922. En aquella época, el rey había sido sospechoso de intrigar contra los chinos y fue encarcelado por ellos. Una noche, sus amigos emborracharon a sus carceleros y se acordó que él cavaría un túnel para salir de la prisión mientras sus amigos harían lo mismo desde fuera para ayudarle. Desgraciadamente, no sabían que el nivel del suelo de la prisión estaba por encima del nivel del suelo exterior, por lo que sus amigos no hicieron más que cavar bajo sus pies. Como esta excavación no dio resultado, el rey trepó por el muro e intentó escapar por el tejado, pero se dio la alarma y sus cómplices del exterior huyeron, y él quedó abandonado a su suerte con un muchacho toda la noche. Por la mañana lo encontraron muerto, y se cree que falleció de un fallo cardíaco. Su hijo y su esposa huyeron a las colinas, pero más tarde los chinos los convencieron para que regresaran y fueron bien tratados.

Quizá uno de los animales de caza más raros del mundo sea el takín (*Budorcas taxicolor*). Es un animal torpe, con un aspecto entre el de una cabra y una vaca, y cuernos parecidos a los del buey almizclero. Los machos grandes miden alrededor de un metro y medio de altura hasta el hombro. El animal no es realmente raro donde existe, y es extremadamente fácil de abatir, pero ocurre que su hábitat es casi inaccesible. Se encuentra a lo largo de las laderas más altas del Himalaya oriental, donde el acceso está cortado por la imposibilidad de penetrar a través de Bután o a través de los salvajes mishmis, adis y otras tribus que habitan en la frontera norte de Assam. El animal también se encuentra en varias partes de China. Hace muchos años, un caballero errante, el capitán Macneil, cazó algunos al sur de Kangding. Una vez vi su magnífica colección de trofeos raros de todas partes del mundo en un museo privado de Ohan.

Estaba ansioso por seguir sus pasos y conseguir algunos especímenes, así que pedí al funcionario chino local que me facilitara transporte para un viaje al sur. Se negó a hacerlo, diciendo que sólo podía proporcionarme transporte para llevarme por la ruta principal hasta Batang, así que hice los preparativos en privado. Después de tres días de descanso en Kangding, partí el 13 de mayo. El país tenía un aspecto precioso y la gente lo aprovechaba al máximo para disfrutar de fiestas campestres, como les gusta hacer a los tibetanos. En los campos vi muchos faisanes (*Phasianus elegans*), los machos hacían su llamada primaveral, tan familiar en nuestros campos, mientras que la llamada del faisán Lady Amherst también se oía en los bosques circundantes. Me crucé con mucha gente que traía carbón y bambúes a la ciudad. Pasé la noche en la capilla de una casa particular en Laoyulin (Wali en tibetano), a unos quince kilómetros de Kangding y quinientos cincuenta metros más de altitud. El hermano del rey de Chala vivía aquí en un campamento. Le llamé, pero no pudo verme, y sus sirvientes me dijeron que se estaba bañando en una fuente termal cercana, aunque yo sabía que se encontraba en su tienda todo el tiempo. Sin embargo, por la noche me envió una taza de té tibetano con mantequilla y algunos alimentos, con un mensaje que decía que me deseaba lo mejor en mi viaje y que esperaba que lo visitara a mi regreso.

Llovió mucho por la noche y la nieve yacía a unos cientos de metros por encima de Laoyulin. Subí hasta el paso Boi La To, en el que había unos treinta centímetros de nieve. *Monsieur* Ouvrard, el sacerdote francés de Kangding, me indicó que el nombre chino de este paso era Yajiageng, pero los tibetanos no lo conocían. Algunos años antes, yo había padecido ceguera de las nieves, lo que había debilitado mis ojos en este aspecto. No llevaba las gafas de sol en el bolsillo, y cuando el tiempo se aclaró y salió el sol, me até la red verde de mariposas sobre los ojos para protegerlos. Los hombres que llevaban mi equipaje arrancaron trozos de las banderas de oración de la cima del puerto y se las ataron a los ojos con idéntico propósito. Desde el paso vi algunos picos nevados al sudoeste. Me dieron los nombres de Konga[28] y Bonga, el primero a tres y el segundo a dos días de viaje de Lianghekou, mi campamento más lejano en esta dirección, o, digamos, a ochenta y sesenta y cinco kilómetros del paso respectivamente. El cojinete magnético indicaba ciento cuarenta y cinco grados para el Konga desde el paso. A pocos kilómetros al nordeste del paso había un pico nevado del que descendían glaciares. Su orientación desde el paso era de cuarenta y dos grados. En el ascenso al puerto abatí varios faisanes sanguíneos (*Ithagenes gffroyi*), similares al más conocido faisán sanguíneo del Himalaya oriental, y también dos faisanes orejudos (*Crossoptilon crossiptilon*), esta última una magnífica ave blanca con cola negra y mechones de plumas sobre las orejas. Vi un gran número de faisanes sanguíneos, así como numerosas chovas y palomas, y oí el canto del perdigallo tibetano (*Tetraogallus tibetanus*).

No es una ruta importante, pero por alguna razón se habían cometido intentos poco entusiastas de mejorarla y se habían hecho algunas voladuras; las rocas voladas no se habían retirado, con el resultado de que el camino estaba peor de lo que habría estado si no se hubiera hecho nada. A medida que descendía y abandonaba la nieve me topé con unas mariposas parecidas a nuestra amarilla nublada pálida, pero bastante más grandes (*Colias hyale poliographus*). Llegué a una cabaña llamada Yatsa y aquí anoté la altitud con mi barómetro aneroide al pasar, y fue una suerte que lo hiciera porque, sin saberlo, me habría perdido en mi viaje de regreso. Acampé en Lianghekou, tras una marcha de veintinueve kilómetros. Pasé el día siguiente buscando infructuosamente al takín, que los tibetanos locales llamaban *ya-go*, y los chinos *ye-niu*, que significa simplemente «ganado salvaje».

Vi muchas huellas, pero todas de varios meses de antigüedad, y desde entonces he aprendido que estos animales realizan grandes migraciones estacionales. Me costó mucho atravesar bosques de rododendros y bambúes enanos. En un lugar, al trepar por el lecho de un arroyo, estuve a punto de tener un accidente que podría haber sido fatal en aquel sitio tan apartado. Desprendí una enorme roca que me aplastó la pierna y que pensé que debía haber matado a mi compañero, un cazador tibetano, pero sólo le arrancó algo de piel del brazo y la pierna.

Me topé con un macho y una hembra de faisanes del tipo tragopan, pero no los capturé por miedo a molestar a los takín. Como no tuvimos suerte, el cazador tibetano intentó alguna misteriosa adivinación con su jarretera. La retorció, la dejó caer al suelo y estudió minuciosamente su posición, pero todo fue en vano. Vi huellas frescas de serau (*Capricornis*) y encontré una fina amapola amarilla cuya flor medía más de dieciséis centímetros y medio de diámetro. Unas densas nubes ocultaron la vista durante todo un día agotador y poco provechoso, parte del cual consistió en vadear la nieve. En Lianghekou capturé muchas mariposas, la mayoría blancas. Entre ellas estaba nuestra blanquiverdosa británica y varias blancas veteadas, *Pieris dubernasdi*, *Aporia davidis* y *A. venata*. Al día siguiente decidí emprender el regreso a Kangding. Me habían dicho que había barales (*Ovis nahura*) en las colinas, así que decidí hacer una corta marcha hasta Yatsa e intentar abatir uno por el camino. Subí por encima de mi campamento sobre el lecho pedregoso de un torrente a través de rododendros goteantes, y finalmente llegué al límite del bosque donde había manchas de hierba y rododendros enanos. Entre ellos había unos faisanes llamados *chana* por los tibetanos, a los que eché un vistazo, pero a pesar de mis grandes esfuerzos no conseguí dispararles. Por su silbido de alarma, creo que se trataba del faisán monal chino (*Lophophorus lhuysi*). También vi algunas perdices y una bandada de pájaros que parecían perdices chukar. Disparé a uno de estos últimos, pero al ir a recogerlo voló por el acantilado y, para mi decepción, no fui capaz de decir qué pájaro era. Algunos años más tarde me ocurrió lo mismo en otra parte de Tíbet, y seguí sin saber qué pájaro me eludía. Luego, más tarde, encontré lo que reconocí como el mismo pájaro en Sikkim y disparé a un ejemplar que resultó ser la perdiz nival (*Lerwa nivicola*). También vi huellas de ciervo almizclero y serau, pero ni rastro del baral, el principal objetivo de mi día en la colina. No me sorprendió, ya que la mayor parte del tiempo estuve envuelto en la niebla. Debía de estar en el límite oriental en esta latitud del más común de los caprinos salvajes himalayos. Más al norte, en Gansu y Shanxi, se encuentran más al este. El límite occidental se encuentra entre los valles al sur del Pamir, donde hay algunos rebaños.

Al avanzar por la ladera en medio de una espesa niebla nos perdimos por completo. Sabíamos que habíamos estado caminando por encima de Yatsa, donde mi equipaje me esperaba en la cabaña, así que, sabiendo que mi barómetro había marcado 3.566 metros en el refugio, decidí descender la colina hasta llegar a esa altura, y, si llegaba al camino antes de esa altitud, tendría que descender por él de vuelta al refugio; mientras que si alcanzaba esa altitud sin llegar al camino, tendría que viajar hacia el paso, manteniéndome en el mismo nivel, y debería encontrar la cabaña. Resultó que estaba justo encima de la cabaña, y al descender cierta distancia me encontré con algunas mulas pastando, y pronto a través de la niebla divisé el refugio, donde pasé una miserable noche húmeda, acurrucado con mis culis mientras la lluvia se colaba por las grietas del techo en todas direcciones. Ese día capturé un ejemplar de una nueva variedad de rata sin cola, conocida como liebre ratón, tan común en Tíbet. Esta nueva variedad recibió el nombre de *Ochotona roylei chinensis*. Al día siguiente regresé a Laoyulin, pero desde el paso me desvié del camino con la esperanza de ver alguna pieza de caza. Llegué a un pequeño lago en el que había un pato brahmini, y me puse a cazar un par de becacinas. También encontré una bandada de esa hermosa ave azul, la grandala de Hodgson (*Grandala coelicolor*), y disparé a un ejemplar. Vi algunos perdigallos tibetanos (*Tetraogallus tibetanus*) y disparé a algunos más de los grandes faisanes de orejas blancas. También conseguí una becada y encontré huevos de tordo de Gould (*Turdus rubrocamus gouldi*), un ave que visita ocasionalmente el norte de India, pero cuyos huevos no había visto nunca. Mis culis recogieron una curiosa medicina china que vendieron a razón de dos por una moneda de cobre; se trataba de una oruga muerta de cuya cabeza crecía un brote verde. El nombre científico es *Cordyceps chinensis*. Los tibetanos tienen un pintoresco nombre compuesto, *yar-tsa gum-bu*, que significa «raíz de verano, gusano de invierno». La oruga recoge la espora del hongo cuando se alimenta. Cuando llega el momento de convertirse en crisálida se entierra; la espora se desarrolla y, en cierto modo, momifica a la oruga, que se convierte en una masa sólida del hongo, como un árbol petrificado se convierte en una masa sólida de piedra. Una especie más pequeña de cordyceps, *C. militaris*, se da en Inglaterra, donde sus hábitos son similares.

Desde un punto, a unos tres kilómetros al norte del paso, obtuve una marcación de trescientos diez grados hacia el Gye La[29], un paso que cruzaría unos días más tarde, tras dejar Kangding. En conjunto, fue un día útil e interesante. La mañana del 18 de mayo me despertó la llamada de muchos faisanes, entre las que reconocí la de un tragopan. Salí a las cinco menos cuarto de la mañana, pero no vi esta ave, de la que no había podido obtener ningún ejemplar. Volví a mis aposentos para desayunar, y luego continué mi viaje, pasando por la casa del hermano del rey de Chala, a poca distancia por debajo de sus tiendas, que ya había visitado antes. En respuesta a su invitación en mi visita anterior, entré. No le vi, pero sus sirvientes me insistieron para que comiera algo. La casa estaba construida sobre una fuente termal, y además de tener agua caliente por todas partes, había una gran bañera y una pequeña piscina siempre llena de agua caliente.

Creo que tal vez el hermano del rey pensó que una visita mía podría disgustar a sus amos chinos, pues había evitado conocerme personalmente, no obstante, por lo demás, había sido muy cortés. Fue asesinado por los chinos un año después. En las paredes del patio colgaban cuernos de takín, y tenía un oso y tres ciervos en cautividad en la casa.

El difunto señor Elwes me había pedido especialmente que averiguara todo lo que pudiera sobre los diferentes ciervos que vivían cerca de Kangding, y obtuve la siguiente información de la que, sin embargo, no puedo dar fe por observación personal. Es de esperar que algún viajero investigue a fondo esta cuestión y obtenga especímenes de las distintas variedades.

Hay tres variedades de ciervos cuyos cuernos se venden en Kangding, llamados en tibetano *sha-na, sha-me* y *sha-jia*. Se dice que el *sha-na* es de color oscuro y sólo tiene seis puntas en la cornamenta. Vi cuernos de este ciervo que parecen ser los de una especie de sambar. Estos ciervos se encuentran a dos días al sur de Litang. El *sha-me* es de color marrón rojizo y tiene doce puntas en los cuernos. Se encuentran en un lugar llamado Yara-tsurong-kar, dos días al noroeste de Tachienlu. El *sha-jia* es gris, con cuernos de doce a dieciséis puntas, y se encuentra a tres días al oeste de Kangding, en un lugar llamado La-li-shi. Compré ejemplares de todos estos cuernos, pero más tarde me vi obligado a desecharlos por problemas de transporte. Ese día tuve una desgracia que afectó a mi comodidad durante el resto del viaje, especialmente en los húmedos valles de las Colinas Mishmis: la pérdida de mi impermeable, que se cayó del poni. Compré un impermeable chino para sustituirlo, pero era muy poco eficaz.

En Kangding capturé una «belleza de Camberwell» (*Nymphalis antiopa*). En Inglaterra esta hermosa mariposa es muy rara, pero abunda en lugares del continente. Está presente en Bután, donde la he capturado. También la había encontrado en el valle de Chumbi, donde creía que era rara hasta que un día, subiendo por un espolón expuesto, vi docenas alimentándose del néctar de una escabiosa silvestre de color crema.

CAPÍTULO V

De Kangding a Litang

SALÍ de Kangding el 19 de mayo. Me vi obligado a llevar una escolta de dos soldados chinos desarmados, y tuve una escolta similar hasta que entré en Tíbet. La excusa para acompañarme fue que el camino no era seguro, pero sospecho que la verdadera razón era vigilarme y comprobar que no iba a lugares donde no se quería que fuera. Pasé la noche en Choti[30], en una cabaña llena de arrieros de ponis tibetanos. Alrededor de un gran fuego secamos nuestras ropas empapadas.

Al día siguiente tuve que cruzar el paso de Gye La con nieve. El agua hervía a 86 °C, con una temperatura del aire de 2,2 °C, lo que daba una altitud de 4.210 metros. Aquí rompí uno de mis termómetros de punto de ebullición. Fue un desastre muy temprano en el viaje, pero por suerte el otro me duró hasta India. Subiendo el puerto, cacé una liebre (*Lepus kodovi*) y vi muchos faisanes sanguíneos grises (*Ithagenis cruentus geojfroyi*), además de unos cuantos pericos elegantes (*P. elegans*). Al otro lado del puerto tuve la suerte de cazar tres perdigallos tibetanos (*Tetraogallus tibetanus*). En el paso, sobre la nieve, oí el canto de los cucos. No estamos acostumbrados a oírlos en la nieve. Estos pájaros debían de estar cruzando las montañas en migración. Inevitablemente, el nombre tibetano de esta ave es el mismo que el inglés. Como tenía varios pájaros y animales que despellejar, pasé la noche en el albergue de Tizu[31]. Había muchas liebres y perdices cerca de la cabaña.

Unos cazadores chinos con una jauría de siete perros y unas extrañas armas de fuego llegaron por la noche. Iban a por todo lo que pudieran y abundaban las piezas de caza de todo tipo.

Al día siguiente, poco después de partir, vi una manada de veintidós gacelas tibetanas al otro lado del valle. Crucé el arroyo, que tenía unos treinta centímetros de profundidad, y fui tras ellas. Mientras lo hacía, vi lo que me pareció un mono sobre una roca. Me acerqué y descubrí que era una liebre dormida. Pude acercarme a ella un par de metros, y fue la única «gacela» que vi. Más tarde vi un macho con bonitos cuernos, pero me hice un lío con el gatillo y no conseguí dispararle. Estos animales son más salvajes aquí que en el Tíbet central. La gacela me había desviado bastante del camino y, como estaba cerca de la cima de una cresta, pensé en subir y echar un vistazo. Contemplé un amplio valle en el que pastaban yaks, ponis y ovejas. Parece que es una buena zona de pastoreo. La hierba era más verde que en las zonas de Tíbet que conocía. La fina hierba de las áridas tierras altas tibetanas debe de ser muy nutritiva, pues los animales se mantienen gordos y el cordero es excelente.

En la cima de esta colina, a kilómetros de distancia del agua, me topé con un sapo. Los sapos deben reproducirse, creo, en el agua, y este animal había recorrido varios kilómetros cuesta arriba en busca de alimento. ¿Regresaría alguna vez para reproducirse?

También obtuve algunas bonitas mariposas de color amarillo pálido nublado (*Coleas montium*), algunos parnasiínos muy representativos (*P. szechenyii*), además de un tipo de nuestra cola de golondrina británica (*Papilio machaon*). Encontré lo que me pareció una especie de topo sentado en una orilla. Estaba casi ciego e indefenso a la luz del sol. Resultó ser una nueva especie y se le ha dado el nombre de *Myospalax baileyi*. Su piel se encuentra ahora en el Museo de Historia Natural en Londres.

A partir de Kangding me encontré en un territorio donde estaba en boga el sistema tibetano de transporte *ula*. Los habitantes de las aldeas situadas en el camino tienen la obligación de proporcionar gratuitamente el transporte que necesitan los viajeros oficiales. Esto se considera una forma de tributación. Se fija la distancia que cada pueblo debe cubrir, y nada persuade a sus habitantes de ir más lejos por miedo a crear un precedente. Así ocurre que a veces hay que cambiar de transporte después de ochocientos metros, y de nuevo después de un kilómetro y medio, pero nada persuadirá a la gente a hacer la doble etapa de dos kilómetros, y el viajero tiene la molestia y el retraso de recoger a los animales y cambiar las cargas. Los funcionarios que viajaban solían abusar mucho del privilegio de este *ula*. Nada impedía a un oficial exigir veinte animales cuando sólo eran necesarios diez y utilizar los diez extra para transportar mercancías a costa de los desdichados aldeanos. También es deber de los campesinos alimentar al oficial, a sus sirvientes y a sus animales, y suministrarles todo lo necesario, como cojines para las camas, utensilios de cocina, combustible, agua, etcétera. También les proporcionan sirvientes si es necesario, normalmente un *tab-yok* o sirviente de cocina, que consigue combustible, se ocupa del fuego y ayuda en general, y un *tayok*, o sirviente de caballos, que ayuda con los ponis.

Las etapas *ula* son muy irregulares. Una vez, en el Tíbet occidental, donde no había ninguna casa, acampamos al borde de una larga extensión de terreno deshabitado. Si un oficial con derecho a *ula* viajaba hacia el oeste, como era nuestro caso, la gente estaba obligada a cargar durante un día; pero si el oficial viajaba en la dirección opuesta, entonces eran quince días antes de que se pudiera obtener nuevo transporte. Un mes lejos de sus hogares con sus animales no era una forma ligera de tributación, y esta calamidad podía ocurrir varias veces al año.

En otro lugar del Tíbet central, la diligencia sólo estaba a unos mil metros. Podíamos ver el pueblo a través de unos campos, pero nuestros hombres se negaron a llevar nuestras cosas más allá de la diligencia y nos vimos obligados a descargar y esperar varias horas mientras se reunían animales y porteadores.

Después de pasar la noche en Golok Tok[32], crucé el Kabzhi La[33] (4.511 metros) en medio de una espesa niebla el 22 de mayo. El paso, aunque más alto que el Gye La, que había cruzado con nieve dos días antes, estaba limpio de nieve, lo que indicaba un clima más seco. En el camino vi varios faisanes orejudos, a uno de los cuales le disparé con mi rifle. También vi faisanes sanguíneos y un par de ciervos almizcleros. Cogí el nido de un colirrojo tizón y se lo di a una mujer para que me lo llevara, prometiéndole una recompensa si no rompía los huevos. Desgraciadamente, los rompió, y pensando, supongo, que yo los quería para cenar, trató de apaciguarme con cuatro huevos de gallina cuando llegó al campamento. A ambos lados del puerto encontré bandadas de perdiz faisán gorgiclara (*Tetraophasis szechenyi*). Este pájaro gris es del tamaño de un faisán con un espacio ocular rojo como el de un urogallo. Tiene una cola corta, en forma de abanico y con puntas blancas, que hace parpadear y lucir, recordando los hábitos de un papamoscas.

Pasé la noche en Wolongsi. Al día siguiente, 23 de mayo, llegué al río Yalung[34], en un lugar llamado Hekou en chino y Nyachuka[35] en tibetano. Allí encontré a un ingeniero francés, *monsieur* Kerihuel, con su ayudante, *monsieur* Auffrey, construyendo un puente colgante para el Gobierno chino, y pasé el día siguiente con ellos.

El puente debía tener ciento veinticuatro metros de longitud. *Monsieur* Kerihuel se enfrentó a muchas dificultades: por ejemplo, los materiales debían ser transportados por hombres o animales, por lo que cada cable debía pesar menos de doscientos kilogramos. El material se retrasó y Kerihuel tuvo que esperar casi un año. El tiempo se empleó en hacer las aproximaciones, incluido un túnel de cuarenta y seis metros de longitud que acababa de ser perforado en el momento de mi visita. Tuvo grandes dificultades con su mano de obra no cualificada, que se veía obligada a venir de los pueblos de los alrededores y cambiaba constantemente. Muchos de los trabajadores eran mujeres y niños. En cuanto aprendían a utilizar las herramientas, eran sustituidos por otros y Kerihuel se encontraba con una cuadrilla completamente nueva a la que había que explicar todo de nuevo. Los hombres cualificados —carpinteros, albañiles, etcétera— de Chengdu y Ya'an eran buenos. En cualquier caso, el puente se estaba haciendo a gran escala para soportar carros, y el camino, y sobre todo los ríos, que había que cruzar antes de llegar a este puente no eran transitables para los carros.

Fue un placer conocer a gente tan interesante y hospitalaria como estos dos franceses. Me impresionó especialmente el hecho de que parecían vivir con más comodidades que nuestra propia gente en circunstancias similares. Dos barriles de vino francés contribuyeron a esta impresión. Aproveché la ocasión para secar las pieles de pájaros y otros animales que había recogido, y *monsieur* Kerihuel se asombró de que tales cosas pudieran encontrarse en el territorio que había atravesado. Decidimos pasar un día en busca de tesoros semejantes, así que a la mañana siguiente cruzamos en barca un afluente del Yalung y subimos a unos acantilados donde abatí un goral, una pequeña cabra salvaje (*Nemorhoedus griseus*), y por la noche pesqué algunos pececillos con mosca.

Monsieur Kerihuel terminó su puente unos meses después de mi partida, pero poco después de la ceremonia formal de inauguración estalló la revolución china y los tibetanos locales se sublevaron y destruyeron el puente. Los dos franceses y los chinos locales lucharon por salvar sus vidas y finalmente escaparon con gran dificultad. Creo que el puente nunca se rehizo, pues según un relato sobre este territorio publicado en la revista *American National Geographical Magazine*, en junio de 1944, el grupo del autor tuvo que cruzar aquí en transbordador. Kerihuel realizó más tarde algunos trabajos de ingeniería en Sudán, pero siempre he lamentado no haberme puesto nunca en contacto con él y no haber podido agradecerle de nuevo su hospitalidad y ayuda. En Nyachuka capturé varias mariposas, entre ellas una nueva especie llamada *Ypthima putamdui* —en honor a mi sirviente, que, además de cocinar y hacer todo el trabajo para mí, solía quedarse despierto a veces hasta las once de la noche despellejando pájaros—, y una nueva variedad blanca veteada (*Aporia procris extrema*). Después capturé más de estas en el valle del Salween.

Salí de Nyachuka el 25 de mayo y pasé la noche en la aldea de Make Dzong[36]. Al día siguiente subí por el Rama La, el paso de la cordillera entre las aguas del Yalung y los ríos de Litang.

A medida que me acercaba al paso, el bosque se hizo más denso y me desvié del camino tres kilómetros a través de la foresta. Disparé a un faisán sanguíneo para cenar y también a un par de faisanes-gallo bastante raros; pero no para cenar, no hace falta que lo diga. Oí el reclamo del tragopan y del faisán orejudo, pero no llegué a verlos. Más arriba, en el puerto, por encima del nivel de los árboles, oí la ruidosa llamada del perdigallo tibetano y vi una pareja de perdices tibetanas (*Perdix hodgsoniae sifanica*). Así que había bastante variedad de aves de caza en esta marcha. La gente me había dicho que aquí había ciervos. No vi ninguno, lo cual no es de extrañar, ya que me resultaba imposible caminar en silencio por estos bosques. Sin embargo, vi rastros de ciervos almizcleros. Suelen ser animales tímidos, puesto que la vaina de almizcle, que sólo se encuentra en el macho, vale entre dos y cinco libras[37], y es fácil imaginar lo mal que lo deben pasar. Tanto los machos como las hembras carecen de cuernos, por lo que sin duda se dispara a muchas hembras ante la posibilidad de que sean machos. El macho tiene colmillos en la mandíbula superior, pero no son fáciles de ver. Una vez tuve un macho mirándome fijamente a una distancia de nueve metros; si hubiera girado la cabeza, podría haber visto los colmillos, y estando seguro del sexo, podría haberle disparado. Confirmadas sus sospechas de que yo no le presagiaba nada bueno, se marchó al galope para ser abatido por mi compañero, que consiguió una magnífica vaina.

El paso de Rama La, se encuentra entre tres crestas, la más alta a 4.654 metros sobre el nivel del mar. Para calcular la altura de un paso como este, leía mi barómetro en cada cima y tomaba también una observación del punto de ebullición en una de ellas. Esto me mostraba el error de mi barómetro y lo aplicaba a la medición de las otras cumbres.

En el paso capturé varias mariposas; una de ellas era una nueva especie de parnasiínos que recibió el nombre de *P. acco baileyanus*. También conseguí algunos pequeños hespéridos (*Pyrgus bieti*) y una blanca muy pequeña (*Baltia butleri*), que sólo se da en elevaciones extremas.

Me habían dicho que encontraría gacelas en el paso, pero me llevé una decepción. Varias personas estaban recolectando el curioso hongo que crece de la cabeza de una oruga muerta, y su presencia pudo explicar la ausencia de caza mayor. Pasé la noche en Golok Zhül[38] en una casa tibetana, ya que el albergue estaba llena de soldados chinos que escoltaban algún tesoro. Al día siguiente viajé a Horlung[39], cruzando tres pasos. El primero (4.175 metros) lo crucé en medio de una tormenta de nieve. Los dos últimos se llamaban Derika La y Wongi La. Herví un termómetro en el último y obtuve una altitud de 4.602 metros, y el primero me pareció que era quinientos ochenta metros más bajo, según el barómetro. Viajé con la escolta del tesoro y presencié un curioso incidente. Uno de los yaks que transportaban el tesoro se desplomó, y al pasar yo, el arriero tibetano lo remató, sujetándole la nariz y la boca con la mano y asfixiándolo. En cuanto el animal estuvo muerto, se abalanzó sobre el soldado chino más cercano, lo tiró de su poni y le propinó una despiadada paliza con los puños. Con dificultad pude impedir que uno de los dos soldados que formaban mi escolta fuera a ayudar a su compatriota. Mi simpatía estaba con el tibetano, no obstante, no quería que nadie relacionado conmigo se viera mezclado en un asunto de este tipo. La gente está obligada a suministrar animales *ula*, pero lo justo es utilizarlos adecuadamente y no sobrecargarlos como hacían invariablemente los chinos. Los yaks no se alimentan de grano, sino que ingieren el pasto que pueden sobre la marcha. Subsisten a gran altura, donde no crece la hierba, y se contentan con los pequeños musgos que lamen con sus ásperas lenguas. Siendo así, es injusto esperar de ellos el mismo trabajo que el de una mula alimentada con cereal; el viajero tiene la ventaja de que no es necesario llevar grano o forraje como debe hacerse con las mulas o los ponis. Mi experiencia con los yaks es que, en caso de apuro, y por un solo día, pueden recorrer treinta y dos kilómetros, pero esto los destroza y necesitan un largo descanso después de un viaje así. Si hay que utilizar los mismos animales durante muchos días, no deben recorrer más de trece a dieciséis kilómetros al día. Viajan muy despacio, pastando de vez en cuando a medida que avanzan, y cubrirán esta distancia en cuatro o cinco horas. Si se les lleva de esta manera, podrán viajar muchos días sin agotarse y sin necesitar más alimento que el que puedan recoger.

Al llegar al campamento, sobre la una de la tarde, se descargan los yaks y se les deja pastar. El tibetano prefiere dejarlos pastar hasta la mañana siguiente, cuando se dará cuenta de que algunos están tres kilómetros al norte y otros tres kilómetros al sur, este y oeste, y es fácil calcular el número de kilómetros que el conductor tiene que recorrer para recogerlos a todos. Ocurrirá, y me ha ocurrido a mí, que algunos de ellos no puedan ser encontrados en absoluto y se pierda un día entero buscando a los animales extraviados. Por otra parte, si se les ata y no se les deja pastar, su estado se deteriora rápidamente. Descubrí que lo mejor era soltarlos tan pronto como se descargaban y dejarlos pastar cinco o seis horas hasta que oscurecía; luego, cogerlos y atarlos, y soltarlos de nuevo a las tres o cuatro de la mañana. Si se hace así, tendrán cuatro horas más de pasto por la mañana y no se habrán extraviado fuera de alcance.

Mis animales se pusieron tan contentos cuando bajaron del paso al verde césped, que tiraron a mis dos sirvientes, y un yak soltó su carga y dañó la caja en la que estaba mi sextante, pero el instrumento en sí no sufrió ningún daño. El paisaje era hermoso y, a pesar de lo escarpado, me recordaba a un parque inglés: un precioso césped verde con grupos de árboles en las hondonadas, mientras pequeñas bandadas de faisanes de orejas blancas parecían ovejas en la ladera. En los arroyos vi peces que parecían interesados en una mosca. Realmente, podría haber pasado una semana muy agradable en esta zona.

Disparé a algunos faisanes y también a un gran pájaro carpintero negro (*Drycopus martius khamensis*). Una forma muy parecida de este pájaro carpintero negro ha sido citada ocasionalmente en las islas británicas, pero su autenticidad es tan dudosa que no se considera un ave británica. Está presente en el continente. La carne de este pájaro carpintero era considerada valiosa como medicina por la gente del lugar, que se la disputaba mientras el ave era despellejada.

También encontré el nido de una tarabilla asiática (*Saxicola maura*) a 4.267 metros de altitud. Vi una liebre, numerosas marmotas y un zorro que parecía perseguirlas. La marmota en las laderas abiertas es una criatura muy engañosa en cuanto al tamaño, que en realidad está entre el de una liebre y el de un conejo. Mi sirviente Wongshi pensó que la primera marmota que vimos era un oso. El capitán Welby, en su libro *Through Unknown Tibet*, habla de marmotas del tamaño de un hombre, y estoy seguro de que se trata simplemente de otro caso de ilusión óptica causada por la dificultad de calcular la distancia en la atmósfera clara de las llanuras y laderas desnudas.

Esta ilusión aumenta aún más sobre la nieve. Rara vez nevaba en Gyantse, y si caía nieve, desaparecía rápidamente. Un día, mientras cabalgaba por una zona de espinos tras una de nuestras raras nevadas, me topé con una bandada de enormes aves de caza negras. Evidentemente, no se trataba de perdigallos, sino de algo mucho más grande y de un color más oscuro. Pensé que conocía la mayoría los tipos de aves de la zona y no se me ocurría qué podían ser. Desmonté y los aceché, cuando de pronto echaron a volar y vi que eran perdices tibetanas ordinarias, aves del tamaño de nuestras propias perdices.

Por el camino me crucé con un capitán chino que iba de Lhasa a Chengdu, con su esposa tibetana del valle de Chumbi, a la que Putamdu reconoció. En el paso de Derika La capturé algunas mariposas *Parnassius szechenyi* que ya había cazado el día 21. Eran muy salvajes y volaban a grandes distancias, por lo que tuve que enfocarlas con los prismáticos y seguirlas. Subir de 4.724 metros de altitud a 4.755 no es un trabajo ligero cuando hay que hacerlo rápidamente. Observar con prismáticos una mariposa de tipo parnasiínos, rara, no porque sean pocas y estén en peligro de extinción, sino porque el hábitat es de difícil acceso, tiene toda la emoción de la caza mayor. Verla revolotear colina arriba, seguirla cuando se posa y finalmente capturarla aumenta enormemente el interés de un viaje, y nunca me arrepentí de haber adoptado esta especialidad. Nunca he encontrado mariposas por encima de los 5.640 metros de altitud, aunque rara vez he estado por encima de esa altura.

En el Naku La, un paso entre el norte de Sikkim y Tíbet, vi muchas pequeñas mariposas ortigueras (*Vanessa ladakensis*) en la cima del paso, a 5.547 metros, y estaban bien arriba en las laderas a ambos lados del paso. Esta mariposa, como su pariente británica, se alimenta de ortigas.

Los pastores tibetanos hacen recintos y refugios de piedras sueltas para protegerse a sí mismos y a sus ovejas de las tormentas; sus mastines no necesitan protección. En el estiércol de las ovejas de esos lugares suelen crecer ortigas. Al igual que nuestra pequeña ortiguera, a estas orugas les gustaría colgarse cabeza abajo para convertirse en crisálidas, pero en las altas mesetas no hay ningún lugar donde hacerlo, y descubrí que tejen una telaraña entre las ramitas de las ortigas y se cuelgan en ella en una pequeña colonia. Aquí la crisálida se refugia del terrible frío del invierno. Las larvas de ortiguera no son las únicas consumidoras de la ortiga. Es bastante común ver a las mujeres nómadas recogiendo ortigas para su propia comida con un trozo doblado de aro de hierro. A estas altitudes es la única forma de alimento verde que la gente puede conseguir. Yo mismo he comido a menudo ortigas en lugares similares, y debo decir que me parecieron desagradables. He visto parnasiínos (*acco, simo, epaphus, hannyngtoni*) hasta 5.180 metros de altitud, *Baltia*, una mariposa blanca pequeña, y algunas pequeñas de color amarillo pálido nublado (*Coleas dubia*) hasta aproximadamente la misma altura; incluso he capturado estas dos últimas a 5.486 metros de altitud en el norte de Sikkim, pero en cuanto a altitud, la ortiguera las supera a todas. Las mariposas de aquí y, de hecho, de todo Tíbet, recuerdan a nuestras especies británicas. Algunas, por ejemplo, la dama pintada y la col blanca, son idénticas. Cerca del paso vi una chova piquirroja (*Podoces*) construyendo su nido. El nido se hace en un agujero en el suelo que, según dicen, el ave excava para sí misma. El túnel hasta el nido tiene varios metros de largo. También vi algunas gacelas en este paso.

Al día siguiente, 28 de mayo, marché hacia Litang, cruzando el Sen-ge La, un paso bajo y fácil de 4.420 metros de altitud. Al partir de Horlung el suelo estaba blanco de escarcha, pero el sol calentó pronto la atmósfera. En el lecho de un riachuelo había una pareja de picoibis (*lbidorhynchus struthersi*), que evidentemente tenían un nido de crías. Esta ave, del tamaño de una paloma, hace un curioso nido de piedras pequeñas y planas colocadas en un lecho de guijarros junto a un arroyo. Tanto los huevos como las crías recién nacidas son difíciles de ver, ya que encajan muy bien con las piedras. Este puede ser el límite oriental del hábitat de esta ave que se reproduce en Gyantse y no es rara en invierno en los lechos de los ríos del Himalaya al sur de ese lugar. Al acercarme a la población me topé con una nueva aparición de una mariposa parnasiínos. Resultó ser una nueva forma de *Parnassius acco* que ha sido bautizada como *P. acco baileyi*. También capturé más *Parnassius szechenyi* y una nueva saltarina (*Carterocephalus montana*). Mi hipsómetro dio una altitud de 4.096 metros en Litang. Las casas son sucias y muchas están construidas con turba, como las de Phari, en la frontera india; este último tiene fama de ser el pueblo más sucio del mundo. Está unos trescientos metros más alto que Litang. Me alojé con un monje que había dejado Lhasa hacía seis años y que era capaz de reconocer a la gente en las fotografías que yo había tomado allí en 1904. Las mujeres de por aquí llevan en la cabeza un adorno de tres placas de plata labrada.

Tibetanos en Ranung, de pie junto al muro mani

CAPÍTULO VI

De Litang a Batang

SALÍ de Litang a la mañana siguiente, 29 de mayo. A pocos kilómetros pasé por unas termas donde se alojaba el abad del gran monasterio de Litang. Le visité y me encontré con un hombre agradable, de veinticinco años, que había pasado seis en Ganden, uno de los tres grandes monasterios tibetanos cercanos a Lhasa. Le agradecí la hospitalidad de sus monjes y le di fotos del dalái lama y del tashi lama, lo que le agradó mucho. También le dije que había traído fotos de estos lamas para el monasterio de Kangding, pero que, como los monjes de allí no me habían permitido entrar en los templos, no había podido presentárselas.

Después de dejar al abad me di un baño a una temperatura de 38,3 °C. Cuando estaba en la bañera me molestó encontrar el agua llena de pequeños gusanos de hasta un centímetro de largo, e hice una salida apresurada. Me parecía extraño que estas pequeñas criaturas pudieran existir en agua tan caliente. Pasé la noche en un albergue llamado Tutang en chino y Jambu-tang en tibetano, a una altitud de casi 4.570 metros sobre el nivel del mar. El comandante Davies, menciona en su libro *Yunnan*, que cuando recorrió este camino vio muchas liebres. Yo tenía muchas ganas de comer carne y pasé algún tiempo batiéndome entre los rododendros enanos, pero no vi ninguna, aunque fui recompensado con una perdiz y, al llegar la noche, saqué nueve peces del río con anzuelo.

Ese día me crucé con un mensajero: un corredor solitario armado con una lanza. Recorría a pie todo el camino desde Batang hasta Kangding, haciendo el trayecto de unos cuatrocientos ochenta kilómetros en diez días.

En el albergue había diez soldados chinos cuyo cometido era cazar a los ladrones que infestaban el Gara La, que yo debía cruzar al día siguiente. Tenían diez hombres aquí y otros diez en Kerizewa, al otro lado del paso. Me dijeron que el día anterior habían visto dos ciervos por encima de la casa.

Mi escolta de dos soldados había sido cambiada en Litang. Desde Tutang crucé el Gara La, a 4.861 metros. El agua hervía a 84,2 °C, y la temperatura a la sombra era de 6,6 °C cuando hice la observación. La senda abandonó el valle del río que había seguido desde la llanura de Litang, y ascendió en dirección oeste entre un amasijo de lomas y rocas. Debajo del paso hay un lago, y a doscientos setenta y cuatro metros al este de él hay una roca con forma de yunque. Cuenta la leyenda que la gran imagen del monasterio de Litang fue fabricada en este yunque por un herrero que vivía en el interior de una rocosa colina cónica sobre el lago. «Gara» significa herrero en tibetano. En el paso conocí a dos soldados chinos que me contaron que eran la patrulla enviada cada día para vigilar que el paso estuviera libre de ladrones.

Abandoné el paso bajo la nieve que caía, que se convirtió en una tormenta regular y, más abajo, en una lluvia muy húmeda con la que mi «impermeable» chino era incapaz de competir. Vi una bandada de faisanes orejudos al oeste del paso. También me topé con otra pareja de esa curiosa ave que es el picoibis (*lbidorhynchus struthersii*) en el lecho de un arroyo; observándola con prismáticos, descubrí que tenía dos crías que, ante cualquier señal de peligro, se tumbaban con el cuello estirado en el suelo, mientras la madre intentaba llamar la atención de la forma habitual.

Vi una pareja de palomas de las nieves (*Columba leuconota gradaria*). Se trata de un ave blanquecina que vive en torno al nivel de los árboles en el Himalaya y, por supuesto, más al oeste. No se encuentra en las zonas secas de Tíbet, al norte del Himalaya, pero una vez vi una bandada en un valle bien arbolado justo al sur de Lhasa.

Me encontré con dos parejas de alondras cornudas (*Otocorys*) construyendo sus nidos. Estos pájaros son muy mansos, y una vez pude hacer una secuencia fotográfica de uno que se dirigía a su nido a una distancia de tres metros y medio. El nido estaba en el alto campo abierto y no había ninguna cobertura para esconderme. Conseguí un ejemplar de alondra grande (*Melanocorypha maxima*) que conocía bien por haberla visto con frecuencia y haber encontrado nidos al sur de Gyantse. Otro pájaro tibetano del que obtuve un ejemplar fue el acentor petirrojo (*A. rubeculoides*). Había encontrado nidos de esta ave parecida al petirrojo a 4.419 metros en el sur de Tíbet.

Pasé la noche en Ranung, también llamado Lamaya. Aquí había una oficina de telégrafos, pero como había visto los postes y el cable tirados por el suelo en muchos lugares a lo largo de todo el camino desde Kangding, no me sorprendió que el empleado me dijera que no tenía nada que hacer. Mi escolta de dos soldados me mostró sus fusiles, que eran de fabricación alemana y databan de 1901. Uno de ellos desarmó el suyo, reduciendo incluso el cerrojo a un amasijo de tornillos y extraños trozos de hierro, y lo volvió a armar. Hicimos algunos disparos a un blanco. Estos dos hombres tenían madera de buenos soldados. Cuidaban sus armas, que mantenían limpias y engrasadas, y disparaban bien.

El 31 de mayo marché a Rati[40], lugar que los chinos llaman Sampa. Tuve que cruzar un paso relativamente bajo, el Ye La, que, según mi barómetro, se alzaba a 4.093 metros. El ascenso era gradual a medida que me acercaba a la cumbre, pero el descenso fue empinado. Al otro lado del valle, hacia el norte, había una cordillera nevada que incluía un pico alto, el Nenda[41], de 6.705 metros de altitud. Capturé la pálida especie de la amarilla-nublada (*C. montium*) y una variedad de nuestra cola de golondrina, también algunas mariposas *Pyrgus bieti* y *Erynnis pelias*.

Mi sirviente, Wongshi, me dijo que en este paso no debía disparar, ni siquiera mirar las colinas con catalejos. Un misionero que lo hizo murió en el acto y su tumba está al borde del camino para demostrarlo. Pasé junto a esta tumba con el nombre de William Soutter, que había muerto aquí en 1898.

Encontré un nido de lavandera blanca (*Motacilla leucopsis*) en un muro *mani* del camino. Estos muros, a menudo de gran longitud, se construyen en medio de la ruta y están recubiertos de piedras con inscripciones. Al viajar, deben mantenerse siempre a la derecha, ya que si el viaje de vuelta se hace por el mismo camino, se adquiere mérito completando el circuito de los escritos sagrados en la dirección correcta, es decir, en el sentido de las agujas del reloj. Llegué a Rati bajo una fuerte aguanieve y me encontré con que una de las habitaciones del albergue estaba cerrada, ocupada por un oficial chino temporalmente ausente, y la otra estaba asimismo ocupada por sus dos empleados, uno de los cuales era extremadamente grosero. Aparte de la molesta curiosidad, en China rara vez se experimenta la descortesía; al menos esa es mi experiencia.

Intenté encontrar otro alojamiento, pero como no lo conseguí, volví y compartí la habitación con ellos.

Al día siguiente, 1 de junio, crucé el paso de Rongsa La —a 4.663 metros, según el hipsómetro—. El suelo estaba cubierto de nieve. Por debajo del puerto, el paisaje se componía de hermosas praderas sobre las que se extendían franjas de abetos y sauces, entre los que se levantaban las tiendas de pelo de yak negras de la población nómada. Entré en una de ellas y pasé una hora tomando té con mantequilla con el dueño y su familia. Mi acompañante chino se negó despectivamente a acompañarnos. Las mujeres llevaban tocados de plata con grandes piezas de ámbar. Además de los habitantes nómadas, en la tienda había una docena de ovejas y cabras. Por aquí capturé una nueva especie de mariposa Argus (*Erebia discalis*). Al llegar a Tasho encontré el albergue ocupado por soldados chinos, así que pasé la noche con un hospitalario tibetano cuya familia, de unas doce personas, parecía estar comiendo toda la tarde. Llegué a Batang el 2 de junio, después de cruzar el paso de Jaralaka, a 4.968 metros, según el termómetro de punto de ebullición.

Me dijeron que en la mayoría de los pasos entre Kangding y Batang se podía encontrar barales. Nunca vi ninguno, pero un cráneo tirado en el suelo en este paso demostró que estas cabras salvajes se encuentran en esta zona. Antes de llegar a la población pasé por unas fuentes termales. Estos manantiales son comunes en muchas partes de Tíbet y se les atribuyen cualidades medicinales. En

Kambu⁴², en la cabecera de la rama occidental del valle de Chumbi, hay un grupo de fuentes termales que han sido convertidas en baños artificiales, cada uno de los cuales se supone que cura una enfermedad distinta. Aunque nadie podría decir que los tibetanos son una raza limpia, creo que su suciedad es hasta cierto punto excusable si se tiene en cuenta su clima. Sería interesante compararlos en este aspecto con los esquimales, que viven en un clima algo similar, pero yo nunca he visto un esquimal. Creo que muchos soldados y oficiales británicos que pasaron el invierno de 1903-04 en Tuna⁴³ y Phari⁴⁴ eran tan reacios a lavarse como cualquier tibetano. Ciertamente, hay alguna excusa cuando las tropas acampadas se ven obligadas a enfrentarse a temperaturas de hasta −33 °C. A los tibetanos les encanta bañarse cuando tienen la oportunidad de hacerlo en las aguas termales, e incluso cuando no la tienen les gusta un baño caliente. El baño se calienta arrojando al agua piedras calentadas en el fuego. Éstas mantienen el agua caliente durante mucho tiempo.

Al llegar a Batang fui primero a casa del señor Ogden, un misionero americano, que me llevó con el señor y la señora Edgar, de la Misión del Interior de China, de cuya amable hospitalidad disfruté durante varios días. Él era neozelandés y su esposa morava. El señor Edgar era, en mi opinión, el prototipo de la mejor clase de misionero para el trabajo tibetano; no fanático y preparado para trabajar más con el ejemplo que con la enseñanza teórica en primera instancia. Más tarde le acompañé a regiones donde ningún misionero había estado jamás, donde un error o cualquier exceso indiscreto de celo habría causado un daño inmenso; en el territorio por el que viajamos dejó tras de sí una multitud de amigos y la mejor impresión. Después de pasar su vida en la frontera sino-tibetana y de acumular una experiencia única, murió en Kangding en 1935. Siempre estaba dispuesto a poner sus vastos conocimientos a disposición de los viajeros, y yo no era en absoluto el único que había recurrido a él para hacer avanzar mis planes. Le encantaba dejar su casa en cualquier momento y viajar con un perfecto desconocido durante días, con la idea tanto de ayudarle como de obtener información para su misión. Hablaba y escribía tanto en chino como en tibetano. Además de varios artículos en el *Geographical* y otras revistas, escribió un libro, *The Marches of the Mantze*, repleto de información sobre esta frontera.

En Batang oí muchas historias sobre la crueldad y falta de piedad de Zhao Erfeng, el llamado «guardián de las fronteras». Había fundamento suficiente para estas historias, pero los relatos se volvían exagerados en proporción a la distancia del lugar y al tiempo en que ocurrían. Tuve un buen ejemplo de ello cerca de Kangding. Nos cruzamos con una señora tibetana y varias personas que acompañaban un ataúd. Pregunté a unos viajeros en el camino de quién era el cuerpo que iba en el ataúd y me contaron la siguiente historia.

Zhao había matado a un tibetano en Batang atándolo, cortándole la carne y la piel que cubrían su estómago y clavándole un colgajo de ésta en el pecho, mientras se entretenía observando cómo funcionaban su corazón y su interior hasta que el hombre expiró; ¡después se comió su cabeza! Como se decía que esto había ocurrido en Batang, pude hacer averiguaciones. La verdad resultó ser que uno de los intérpretes tibetanos había sido enviado a una aldea al norte de Batang para recaudar impuestos. Había malversado los impuestos e informado de que el pueblo se había negado a pagar. Los aldeanos fueron castigados de forma cruel, y cuando se descubrió lo que había hecho, el intérprete fue condenado a ser decapitado. En aquella época había ejecuciones semanales en Batang, que la población solía presenciar. Cuando este hombre era conducido al lugar de la ejecución, en una arboleda cercana a las ruinas del monasterio que Zhao había destruido, su sirviente salió corriendo de entre la multitud y le deslizó un cuchillo en la mano. Con éste, el intérprete intentó suicidarse cortándose en el estómago; consiguió herirse tan gravemente que no había esperanzas de que llegara vivo al campo de ejecución, por lo que se envió rápidamente al verdugo, que le cortó la cabeza justo antes de que expirara. Su sirviente fue castigado con una flagelación de mil quinientos golpes que le causaron la muerte. Esta historia es terrible, pero no tanto como la versión confusa que me llegó de Kangding.

Yo mismo fui con Edgar a curar las heridas de una de las víctimas de Zhao, un lama que había recibido mil doscientos golpes un día, trescientos después, y que iba a recibir algunos más, que según él sin duda le matarían. También conocí al ayudante de un regimiento que había recibido mil golpes. *Monsieur* Bacot, que viajó por la frontera tibetana en 1907, afirma en su libro *Le Tibet Revolte* que durante el mes de asedio a Sampeling[45], una lamasería al sudeste de Batang, Zhao ejecutó a mil ochocientos de sus propios hombres. Como resultado de esta severidad, Zhao contaba con un ejército eficiente, mucho más eficiente, en cualquier caso, que el ejército republicano que le sucedió, aunque este último estaba mejor armado y equipado. No cabe duda de que Zhao era excesivamente cruel, y me sorprendió que los misioneros cristianos de Chengdu y Kangding se deshicieran en elogios hacia él. Su razón era que esperaban que su conquista de Tíbet les permitiera llevar a cabo su trabajo en ese país con la misma libertad que disfrutaban en China.

Zhao Erhfeng encontró finalmente la muerte que había infligido a tantos y fue decapitado en Chengdu en el momento de la revolución. Al principio, luchó durante algún tiempo contra los revolucionarios, que estaban mal armados y fueron derrotados en todas las ocasiones. Sin embargo, la desafección entre sus tropas y las noticias de la propagación de la revolución en las demás provincias de China dificultaron tanto su posición, que entregó sus sellos a los republicanos. Poco después, las tropas de Chengdu saquearon la ciudad y los extranjeros se vieron obligados a marcharse. Se creía que Zhao había instigado estos disturbios. Mientras tanto, uno de sus oficiales subordinados seguía resistiendo en Ya'an contra los republicanos y Zhao fue acusado de intrigar con él, y se habló de una carta interceptada —posiblemente una falsificación—.

En cualquier caso, todo esto era suficiente en aquellos tiempos turbulentos para presentar una acusación contra un hombre cuyas crueldades le habían granjeado tantos enemigos. Fue decapitado en presencia de una inmensa multitud; su cabeza fue paseada por la ciudad y se tomaron fotos de su cuerpo con la cabeza yaciendo a su lado. Una de estas fotos, con una inscripción que confirmaba la identidad de este horror, me fue enviada. En los combates posteriores entre chinos y tibetanos, se dice que los primeros perpetraron las crueldades más repugnantes. Uno sólo puede esperar que estas historias fueran exageradas, pero es cierto que en esta lucha los chinos tenían la costumbre de ejecutar a todos los prisioneros.

Entre otras empresas del territorio sobre el que los chinos reforzaban su dominio, me mostraron una curtiduría en Batang. Las botas que fabricaban eran peores y más caras que las importadas de China; sólo empleaban a seis chinos y trece tibetanos. Me dijeron que de los quince mil taels[46] asignados para poner en marcha esta industria, diez mil habían sido malversados por los oficiales encargados. El curtido se hacía con corteza de álamo.

Zhao también intentó traer colonos chinos, y yo visité la granja de uno de ellos y hablé con la gente. Al lado había una casa tibetana y el contraste era muy sorprendente: los tibetanos vivían en una sólida casa de piedra de dos pisos, mientras que los chinos estaban en un miserable cuchitril de barro; la tierra tibetana estaba bien cultivada y tenía toda la apariencia de prosperidad, mientras que la granja china estaba reseca, con una cosecha pobre y atrasada. Esto se debía a varias razones. En primer lugar, los tibetanos, propietarios originales de la tierra, la habían aprovechado al máximo. Toda la tierra fácil de regar y cultivar era trabajada por ellos. Los colonos chinos tenían sólo tierras que a los tibetanos no les merecía la pena cultivar. Los tibetanos como etnia son grandes irrigadores. En su país seco, prácticamente todos sus cultivos son de regadío, y son muy inteligentes en esto; rara vez intentan un canal de riego de más de dos metros de ancho, pero con este límite, entienden perfectamente el trabajo. Los colonos chinos habían sido traídos de altitudes más bajas en Sichuan, donde estaban acostumbrados a comer arroz y cerdo, y arrojados en tierras de baja calidad a dos mil quinientos metros, en competencia con gente resistente que ya ocupaba las mejores tierras. Sólo conseguían cebada y carne de yak y ternera para comer, eran totalmente ineficaces y estaban descontentos. Lo más probable es que se tratara de gente que no había logrado prosperar en su propia tierra. En el momento de mi visita sólo quedaban unos treinta colonos chinos y por todas partes se veían huellas de intentos abandonados, y no cabe duda de que este valiente, pero mal pensado intento de Zhao, debió de acabar en fracaso.

Batang fue uno de los pocos lugares donde experimenté cierta descortesía por parte de los chinos. Esto me agradó más que otra cosa, ya que nuestras relaciones fueron breves y no tan amistosas como para que yo necesitara entrar en detalles sobre mis planes. Tenía un pasaporte de Pekín que me permitía viajar por las provincias de Sichuan y Yunnan. Este pasaporte lo había estado mostrando a los diversos magistrados chinos; ellos, a su vez, me dieron un pasaporte local en chino y tibetano ordenando a la gente que me asistiera. El magistrado de Batang había redactado este pasaporte local, de modo que yo tuviera que viajar a Yanjing[47] y «de allí a Yunnan». Esto no estaba estipulado en mi pasaporte pekinés. Según ese documento, tenía permiso para viajar por Sichuan y Yunnan, es decir, si al llegar a Yanjing lo deseaba, podía regresar a Batang o visitar alguna otra parte de Sichuan. Era necesario que esto se modificara, ya que, de lo contrario, algún funcionario desconfiado u obstinado podría tratar de obligarme a ir directamente a Yunnan desde Yanjing. Fue Edgar, con su conocimiento de la escritura china y tibetana, quien se dio cuenta de ello. Fui personalmente a ver al magistrado y conseguí que lo modificara; lo único que me dijo entonces fue que no podía ir a Gartok[48], una ciudad de Tíbet.

En Batang un comerciante me pagó mil ciento cuarenta rupias chinas por un cheque de cuatrocientos taels de Shanghái. Fue un cálculo complicado, ya que tuvimos que calcular el cambio de taels a dólares de Sichuan y luego de dólares a rupias. Yo calculaba la cantidad con lápiz y papel, mientras que el comerciante chino hacía lo mismo con su ábaco. Su método era ciertamente rápido, pero reveló una diferencia de quince rupias a mi favor. Se mostró muy despectivo con la lenta e imprecisa forma de calcular de los extranjeros; como obtuve quince rupias más de lo que esperaba, las acepté. A la mañana siguiente, sin embargo, vino y me dijo que, después de todo, yo tenía razón, y le devolví sus quince rupias.

La rupia china es una curiosa moneda acuñada en Sichuan para el comercio tibetano. Los tibetanos del Tíbet central comercian sobre todo con India, y los pequeños comerciantes llevan una suma de unas tres mil rupias —doscientas libras esterlinas—[49] a Calcuta, donde compran mercancías indias para venderlas en Tíbet. Tres mil rupias de plata equivalen aproximadamente a la carga de un hombre y, además del gasto que supone transportar el dinero, existe el peligro de los ladrones. En consecuencia, el comerciante prefiere entrar en la oficina de correos británica de Gyantse y enviarse un giro postal a Calcuta, lo que hace con un coste del uno por ciento. La oficina de correos británico-india de Gyantse sólo aceptaba moneda india, por lo que el valor de la moneda china y tibetana se había depreciado en comparación con la india. Los chinos intentaron superar esta situación acuñando una rupia china que tendría el mismo valor que la rupia india; pero, por supuesto, aunque similar en tamaño, peso y casi igual en diseño, seguía siendo inútil en la oficina de correos de Gyantse y su valor descendió a doce *annas* (tres cuartos de rupia), para gran disgusto de los chinos. Comprobé que en esta frontera oriental la rupia china, al no estar influida por el correo británico, tenía un valor superior al de la moneda india. La rupia china tiene el tamaño exacto de una rupia india; en una cara está la cabeza del emperador de China, en la otra una inscripción china que significa: «Hecho en la provincia de Sichuan».

La ornamentación de la rupia e incluso de la ropa del emperador está copiada de la rupia india de la reina Victoria. La gente no aprecia la calderilla y suele dar calderilla por valor de una rupia junto con algunas monedas de cobre por una rupia entera. Del mismo modo, no les gusta la nueva rupia del rey Jorge V o incluso del rey Eduardo, y darían algunas monedas de cobre con estas por una rupia de la reina Victoria, a la que estaban acostumbrados. A una rupia se la llama con frecuencia una «compañía», lo que nos remonta a muchos años atrás. Los tibetanos tienen nombres curiosos para las distintas rupias: la moneda muy antigua de la reina Victoria sin corona se llama «dos colas», en referencia a la forma de peinarse de la reina; la de la reina coronada se llama «vieja rupia»; la moneda del rey Eduardo se llama «cabeza de lama», ya que se supone que tenía la cabeza rapada; mientras que la moneda del rey Jorge V se llama «cabeza de Lopon». Lopon Rimpoche es el nombre tibetano del santo indio Padma Sambhava, que introdujo el budismo en Tíbet; la corona del rey Jorge se parece a la de las imágenes de este santo. El cambio se da partiendo audazmente la rupia por la mitad. En un lugar donde necesitábamos cambio, pusieron la rupia en un bloque de madera y colocaron un hacha en el centro; la golpearon tres o cuatro veces con una piedra pesada y me dieron el cambio.

En Batang compré dos ponis a ciento diez y ciento doce rupias chinas cada uno. Deseaba independizarme del transporte local por si me ponían dificultades. Más tarde compré más ponis cada vez que se me ofrecía un animal adecuado en mi transporte *ula*. Los ponis de Batang y Litang son muy conocidos y son el tema de una canción popular tibetana que aprendió mi mujer:

TRADUCCIÓN

Compremos un poni del distrito de Ba-Litang.
Hace tres años que no uso la silla dorada.

En Batang capturé muchas mariposas, entre ellas dos especies nuevas: una saltarina *Carterocephalus postnigra* y una *Ypthima baileyi*.

Desde Batang envié paquetes de semillas y otras colecciones a casa. En un viaje de este tipo uno desarrolla un deseo maníaco de deshacerse de pequeñas cosas con la esperanza de que al final se pueda reducir toda la carga, facilitando los problemas de transporte.

Gracias a la amabilidad del doctor Hardy, de la Misión Americana, pude conseguir algo de mercurio para reponer mi horizonte artificial y utilizarlo con mi sextante. Mi predecesor, A. K. (Krishna), también perdió mercurio por una fuga que, debido a la necesidad de guardar el secreto, no pudo reponer.

MUJERES NÓMADAS Y TIENDA NEGRA DE PELO DE YAK, CERCA DE BATANG (OBSÉRVESE EL ADORNO PLATEADO EN EL PELO)

CAPÍTULO VII

A través de la frontera

SALÍ de Batang el 6 de junio, apenado por separarme de mis amigos misioneros, los Ogden, el doctor Hardy y la señora Edgar. El señor Edgar me acompañó durante algunos días, y sin su ayuda en un punto crítico no habría podido entrar en Tíbet ni lograr siquiera un éxito parcial.

A unos pocos kilómetros de Batang cruzamos el Chaxueshan, un paso de baja altitud (2.926 metros), desde el que vislumbramos el río Yangtsé, que yo había dejado en Wanzhou, el 9 de abril, casi dos meses antes, desde donde había recorrido casi 1.610 kilómetros. Alcanzamos el río en una aldea llamada Le, donde almorzamos entre melocotoneros y nogales que daban frutos aún inmaduros. Allí encontré a dos niños pescando, uno con un anzuelo sin púas y el otro con una espina afilada atada en ángulo recto al sedal e incrustada en masa. Les compré un pescado y les regalé unos anzuelos con púas. El estilo de pesca tibetano es mortal. El sedal tiene anzuelos cada medio metro y al final hay una piedra. El pescador lanza la piedra al río, dejando una línea de anzuelos cebados a lo largo del lecho. El extremo del sedal en la orilla se ata a una piedra o arbusto y se pasa por encima de un palo vertical de unos quince centímetros de altura clavado en el suelo, sobre el que se balancea una pequeña piedra. En cuanto un pez muerde uno de los cebos, tira del sedal y éste sacude la piedra en equilibrio. Un hombre puede colocar una docena de líneas de este tipo, cubriendo un área considerable con anzuelos cebados mientras permanece sentado, hilando lana, hasta que ve que una de las piedras ha caído.

La línea telegráfica se había tendido desde Kangding hasta Le, y en la orilla del Yangtsé había materiales para su prolongación hasta Tíbet, pero no funcionaba más allá de Kangding. Se había construido de forma barata y descuidada. Los postes, en lugar de estar empotrados en el suelo, se colocaron de pie sobre él, apuntalados con piedras, de modo que cualquier yak que decidiera frotarse contra ellos los empujaba hacia abajo. Los aislantes de porcelana de los postes del telégrafo parecían ejercer una fascinación irresistible sobre el viajero tibetano, y más aún sobre el pastor tibetano. Este último conduce su rebaño lanzando piedras, y siempre lleva una honda en la mano. Con ella, mientras sus rebaños pastan, se entretiene disparando a los aislantes y a veces los rompe. Los chinos sufrieron este problema, y nuestra propia línea entre la frontera india y Gyantse fue dañada con frecuencia por esta causa, quedando los postes de metal agujereados por los impactos cercanos. La línea tibetana a Lhasa sufrió de la misma manera. Estos daños pueden reducirse colocando los postes a varios cientos de metros del camino; de este modo se evita la tentación al viajero que pasa, y sólo hay que temer al pastor. Cuando vivía en Gyantse pedí la cooperación de los oficiales chinos para acabar con esta molestia. Su única sugerencia fue clavar la mano de un hombre en el poste donde se había producido el daño.

Desde Le descendimos por el Yangtsé en barquillas de piel. Nuestro grupo fue transportado en tres de ellas, en las que cabían siete hombres y seis ponis, además de un barquero en cada una. Podríamos haber llevado más equipaje. Estas barcas son comunes en todo Tíbet; están hechas de un armazón de sauce sobre el que se extienden pieles. Las que hay cerca de Batang son más pequeñas y profundas que las que se utilizan en el Tíbet central, pero tienen el mismo diseño y no son muy diferentes de la *gufa* de Bagdad, aunque su construcción es menos ordenada.

Es posible transportar ponis en estas barquillas tendiendo al animal, atándole las patas y depositándolo de espaldas en la barca. Si se le permitiera levantarse, sus pezuñas atravesarían el revestimiento de piel. Hace algunos años llevé varias barquillas río arriba a Gyantse y las utilicé para transportar piedra desde una cantera río abajo hasta el emplazamiento de la sede de la Agencia Británica del Comercio, que estaba a punto de construirse. La gente se inquietó, diciendo que nunca se había subido una barquilla por encima de cierto puente y que, si se hacía, los demonios enviarían granizo para destruir las cosechas. Insistí y, afortunadamente, no cayó granizo; el incidente está olvidado y los lamas que hicieron la profecía no han perdido nada por ello; pero si el granizo hubiera caído, aunque sólo fuera un poco, los daños se habrían exagerado en todo Tíbet; los profetas lama habrían ganado muchos elogios y yo me habría metido en un buen lío.

Con la gente supersticiosa, el sacerdote lo tiene fácil: su lema es «cara, gano yo, cruz, pierdes tú», y la memoria es convenientemente corta. Además, tiene otra ventaja: suponiendo, por ejemplo, que los aldeanos paguen a un hombre para que haga sonar trompetas hechas con huesos de muslos humanos para alejar el granizo de sus cosechas, y suponiendo que a pesar de ello el granizo dañe las cosechas, sólo tiene que decirles: «Vuestra maldad es tan grande que ni siquiera los esfuerzos de un hombre tan santo y consumado como yo son capaces de evitar vuestro castigo, pero mis esfuerzos han conseguido reducir enormemente los daños».

Mientras descendíamos por el río oímos la llamada de varios faisanes desde la orilla, uno de los cuales vi, y bajé a tierra para intentar dispararle, pero como dos niños pequeños pensaron que había desembarcado para dispararles a ellos, huyeron gritando y lo asustaron. Pasamos la noche en el pueblo de Drupalung[50], afectado por el bocio, donde, a pesar de una altitud de 2.743 metros, hacía tanto calor que nos alegramos de dormir a la intemperie.

Aunque de ningún modo viajaba en secreto, usando un nombre falso o un disfraz, no estaba deseando que se supiera que había servido durante algunos años en Gyantse, donde a veces no habíamos coincidido cara a cara con los oficiales chinos. Aquí, en Drupalung, nos encontramos con un chino que compraba almizcle y que había conocido a mi sirviente, Putamdu, hacía seis años, en Darjeeling.

En Kangding descubrí que uno de los sirvientes del magistrado había sido sirviente del oficial chino, el señor Ho, que había conocido a sir Francis Younghusband en Kamba Dzong en 1903, y me preguntó sobre los incidentes ocurridos allí, pero aunque yo había estado presente, me pareció mejor fingir que no entendía.

A la mañana siguiente cruzamos el Yangtsé hacia la orilla occidental en dos transbordadores de madera de dieciocho metros. Un viajero chino era sospechoso de ser un desertor del ejército, y tuvo algunas dificultades con la gente, que había recibido órdenes de vigilar a los desertores. Varios pequeños comerciantes chinos de Yunnan esperaban en la orilla derecha para cruzar. Cada hombre llevaba su mercancía colgada a ambos extremos de una larga pértiga y portaba, posados en ella, uno o varios loros, con los que parece que se comercia en Yunnan. Los charranes pescaban en el río mientras cruzábamos.

Desayunamos en la aldea de Gunre, donde tuvimos que cambiar de transporte, y el retraso me dio la oportunidad de cazar un faisán (*P. elegans*) y de atrapar muchas mariposas, entre ellas una rara Argus (*Callerebia megalops*), de la que no se conocía la hembra. También obtuve una *Leucophasia amurensis*. Aquí, a una altitud muy inferior a la de Drupalung, los cultivos estaban mucho más avanzados y la cebada ya se estaba cortando. Desde Gunre dejamos el río Yangtsé, cruzamos un paso y descendimos unos sesenta metros hasta la aldea de Kangzika, donde pasamos la noche. En el camino cacé un loro (*Psiftacula derbyanus*), de los que vi muchos ejemplares. También vi una bandada de faisanes de orejas blancas. Al día siguiente, 8 de junio, pasamos por la aldea de Xiamangling[51], donde Edgar y yo encontramos una de las escuelas chinas que Zhao Erfeng había puesto en marcha en lugares donde podían reunirse veinte alumnos. La educación era obligatoria para los niños que vivían a cierta distancia de la escuela. En todo este territorio recién administrado, los chinos intentaban imponer su nacionalidad a la población. Todo el mundo estaba obligado a adoptar un nombre chino, para lo cual se publicaban listas en las que cada uno podía elegir el que más le gustara. Se esperaba que, utilizando estos nombres y la lengua china en los tribunales y en los asuntos oficiales en general, el tibetano sería suplantado gradualmente por el chino. También se sustituyeron los nombres tibetanos por topónimos chinos, que eran una traducción o una transliteración muy aproximada.

En esta escuela, veintidós niñas de edades comprendidas entre los cuatro y los veinte años, y diecinueve niños de entre cuatro y diecinueve años, hacían el mismo trabajo; los niños y las niñas estaban en aulas separadas. Algunas de las niñas eran bastante mayores y llevaban joyas, lo que significaba que ya no eran niñas. La clase que me tocó ver era de geografía, pero no había mapa; un chico leyó una frase de un libro que todos los demás repitieron como una especie de canción.

Creo que se aprendía muy poca geografía. Edgar me tradujo los anuncios colocados en el exterior de la escuela. Se prescribían cinco horas de trabajo al día durante seis días y las materias que se enseñaban eran geografía, historia, literatura, lectura, chino, recitación, aritmética mental, higiene, dibujo, canto, ejercicios y ciencias. También había una lista de cosas que los escolares no debían hacer, lo que parece demostrar que los alumnos son muy parecidos en todo el mundo: no susurrar, no comer, no pelear, no hablar tibetano, no recitar *om mani padme hum* u otras oraciones, no ensuciar, no llevar cuchillos, no ensuciar los pupitres. En otra escuela que visitamos más tarde, en Jengbani[52], se enseñaban ciencias, sobre todo historia natural. Con la ayuda de Edgar me enteré del contenido de la lección; los animales se dividen en cuatro clases: cuadrúpedos, pájaros, peces e insectos; de estos los últimos son los más inútiles, pero incluso entre los insectos el gusano da seda y la abeja miel. El perro guarda la casa y el gallo sabe cuándo amanece. El hombre es la cabeza de todos los animales. Si no trabajáis en vuestras lecciones os haréis inferiores a los animales, todos los cuales hacen algún trabajo. Una mujer china enseñaba a las niñas en esta escuela.

Los arados de por aquí son enteramente de madera, la reja del arado es de roble duro y desmontable para poder reemplazarla cuando se gasta. A las dos de la tarde, después de cambiar de transporte, salimos del pueblo de Bamutang[53] (3.962 metros). Desde aquí parte una ruta que atraviesa el Bum La, o Ning-ching Shan, hacia el Tíbet propiamente dicho. Sir Alexander Hosie describe cómo, cuando visitó este paso en 1904, la guardia tibetana ni siquiera le permitió dar una vuelta alrededor del mojón para leer la inscripción, tan empeñados estaban en que no cruzara la frontera tibetana. Mientras enviábamos nuestro equipaje hacia el sur por el camino que debíamos seguir, decidimos visitar el paso; así que sin decir una palabra a nuestra escolta, que probablemente nos impediría entrar en Tíbet, mi compañero y yo cabalgamos hacia el paso. No habíamos ido muy lejos cuando el sirviente de Edgar galopó tras nosotros con un mensaje de nuestra escolta para decirnos que estábamos en el camino equivocado. No hicimos caso de ello, y me imagino que los soldados se sintieron bastante seguros de que no nos dirigíamos al Tíbet, ya que se llevaban todo nuestro equipaje por el camino de Yunnan. Una observación del punto de ebullición en el puerto registró una altitud de 4.230 metros. En el paso estaba el mojón fronterizo, en uno de cuyos lados había una escritura china pintada toscamente en negro. La escritura, aunque desgastada por el tiempo y casi ilegible, era bastante reciente. Justo antes de llegar al collado observamos tres picos de nieve al sudoeste que debían de estar en la divisoria

Mekong-Salween. El más meridional era aparentemente el más alto y marcaba doscientos veintitrés grados. Descendimos por el lado tibetano del paso y llegamos hasta la aldea de Lhadun[54] —3.944 metros, según el punto de ebullición—, donde encontramos un grupo de sesenta soldados chinos que se dirigían de Gartok a Batang. Les preguntamos sobre el camino a Jianiding[55], donde debíamos pasar la noche, y fingimos que habíamos perdido el camino. Desde Lhadun retomamos el río que fluye desde Gartok y seguimos por él durante algunos kilómetros hasta que, subiendo por el lado izquierdo del valle, nos reunimos con nuestra caravana en Jianiding. Uno de nuestros escoltas se enfadó mucho con nosotros por haber abandonado el camino y adentrarnos en Tíbet, pero nosotros nos vengamos enfadándonos con él por no escoltarnos como era su deber.

Me dijeron que a veces se encontraban gacelas en el Pö La, pero no vimos ninguna. Al salir de Lhadun me topé con una bandada de faisanes blancos y oí la llamada de los faisanes sanguíneos. También vi una pareja de perdices en el paso. Cogí los nidos de dos pájaros, un alcaudón (*Lanius tephronotus*) y un colirrojo real (*Phoenicurus auroreus*). En Jengbani encontré un nido de urraca con crías. En Jengbani vi también un pez dorado en el río. Una vez vi uno en un riachuelo entre Wanzhou y Chengdu. Creo que estos dos ejemplares debían de haber escapado o haber sido liberados en los arroyos, ya que no son salvajes por naturaleza y su color brillante invita a la destrucción.

Haciendo averiguaciones sobre los animales salvajes que se encuentran aquí, pregunté por el oso panda. No se encontraba en la zona, pero mis compañeros de viaje lo conocían por la sorprendente razón de que ¡las tropas chinas de Batang tenían uno vivo como animal de compañía! Estuve tentado de volver a Batang para verlo, pero no podía disponer de la semana necesaria, y además puede que se tratara de algún otro animal; pero el panda es tan llamativo que estoy seguro de que este raro animal era la mascota de su regimiento. En aquella época, ningún hombre blanco había visto uno.

Al día siguiente, 9 de junio, atravesamos colinas cubiertas de bosques en las que el general Davies menciona que encontró una buena cantidad de caza. Nosotros no tuvimos tanta suerte, aunque nos encontramos con un hombre que llevaba una vieja escopeta Jeffrey del calibre doce que intentaba sin éxito cazar liebres, y oí la llamada del faisán orejudo y vi algunas perdices más. Por el camino pasamos junto a una imagen tallada en la roca que, según me dijeron, había aparecido de forma sobrenatural[56]. Cerca de la aldea de Tsongen[57] cruzamos el río que fluye desde Gartok y entramos en un valle lateral de tierra roja cubierta de árboles y hierba en el que había señales de cultivos abandonados en terrazas. Pasamos la noche en Yao-chao[58] —o Ngülchok—. Siguiendo valle arriba, tras algunas subidas y bajadas, incluida una que casi podría recibir el nombre de puerto, llegamos al Khyag La. La caída desde esta última cresta antes de la subida final hasta el paso era de unos trescientos cinco metros.

La ruta atravesaba bosques de abetos plateados y robles espinosos. Este árbol tan poco apetecible se corta y se utiliza como forraje para los animales. Vi liebres por aquí y oí la ruidosa llamada del faisán orejudo, pero no vi esta ave, que suele ser llamativa. Hice una medición de altitud en lo alto del Khyag La. El agua hervía a 85,5 °C, lo que, con una temperatura del aire de 8,8 °C, daba una altitud de 4.496 metros.

Desde el paso teníamos una vista de las colinas cubiertas de nieve al otro lado del Mekong, y podíamos ver el camino en zigzag que íbamos a tomar desde Yanjing —o Tsaka— en la orilla del río hasta Lagong, un monasterio en ruinas.

En la cima del puerto había rododendros enanos, entre los que capturé un ejemplar de la mariposa *Parnassius orleans*, y debajo del puerto un ejemplar de la nueva Argus (*Erebia discalis*) que ya había capturado anteriormente en el Rong-sa La el 1 de junio. También capturé varias blancas veteadas (*Pieris dubernadi, Aporia davidis, A. martineti* y *A. hippia*). Descendiendo del puerto cogí otro nido de colirrojo tizón (*P. auroreus*) que estaba en el agujero de una pared. Esta ave es un visitante invernal del nordeste de India, pero no se reproduce allí. También vi algunas perdices más.

Ahora nos encontrábamos en un punto muy crítico de nuestro viaje. El río Mekong era la frontera tibetana. Aunque había muy poca diferencia entre los habitantes de ambas orillas, la oriental había sido administrada por China durante muchos años, mientras que la occidental había sido tomada recientemente por Zhao Erfeng y estaba en proceso de ser sometida a China.

Nuestros pasaportes no nos autorizaban a cruzar la frontera. Mi plan era seguir adelante sin dejar que nada me disuadiera, salvo la fuerza física. No temía la oposición de ninguno de los habitantes tibetanos, porque, como ni Edgar ni yo teníamos la visión china de Tíbet que encontré casi universal entre los misioneros y otros extranjeros en esta frontera, en todas partes habíamos sido recibidos de la manera más amistosa.

Nuestro único temor era que los chinos nos detuvieran, y pensé que si seguía viajando como hasta entonces y esperaba a que los chinos me detuvieran por la fuerza, tendría más posibilidades de éxito. Sabía que a los chinos locales no les gustaría asumir la responsabilidad de usar la fuerza. En este asunto tuve suerte. Poco antes de mi llegada, el señor Muir, miembro norteamericano de la Misión del Interior de China, había estado en Yanjing.

Los chinos sospecharon que pretendía cruzar a Tíbet y, sin esperar a que violara la frontera, lo detuvieron y deportaron. No tenían derecho a hacerlo hasta que hubiera cometido alguna infracción de las condiciones de su pasaporte, y por esta razón estaban teniendo problemas con la legación americana por este asunto. Lo correcto habría sido vigilarle de cerca y tomar medidas en cuanto las hubiera infringido. Este incidente hizo que los funcionarios locales se mostraran reacios a tocar a un extranjero, y ningún chino intentó detenerme ni me pidió que diera marcha atrás.

Intentamos cruzar la frontera por el puente de cuerda por debajo de Yanjing. Tal vez sea necesaria una explicación sobre el puente de cuerda. En esta parte del país, estos puentes se construyen con dos cuerdas simples de corteza de bambú retorcida, una de las cuales se destina al cruce en cada dirección. El puente para cruzar de la ribera oriental a la occidental parte de una altura mayor en la orilla este y llega hasta un punto más bajo en la orilla oeste. Naturalmente, la cuerda se comba un poco, y está dispuesta de tal manera que la parte más baja de la comba se encuentra a tal distancia de la orilla occidental que el peso del hombre, del animal o del equipaje, que adquiere una velocidad alarmante, se ve ligeramente frenado por la necesidad de subir los últimos metros, y el aterrizaje se realiza sin excesiva violencia contra las rocas de la orilla oeste. Del mismo modo, se utiliza otra cuerda para el trayecto de la orilla occidental a la oriental. La cuerda tiene de cinco a siete centímetros y medio de diámetro y sobre ella se coloca un trozo de madera de unos pocos centímetros de largo, ahuecado en forma de semicírculo, que en tibetano se denomina «silla de montar». En el caso de los hombres, la silla mide unos quince centímetros, pero en el de los ponis es más larga. Más al oeste, estos puentes son diferentes y menos eficientes; sólo hay una cuerda, lo que significa que el viajero es arrastrado por la gravedad sólo un poco más de la mitad del camino, y tiene un difícil y agotador esfuerzo para subir la segunda mitad, mientras que el equipaje tiene que ser arrastrado con una cuerda.

El general Davies y su grupo habían intentado cruzar este puente en Yanjing en 1899, pero los tibetanos hostiles del monasterio de Lagong, en la colina sobre el puente, habían bajado, disparado contra el grupo y los habían apedreado, cortando finalmente la cuerda que llevaba a la orilla tibetana cuando algunos del grupo ya habían cruzado, dejando sólo la cuerda por la que los que ya habían cruzado podían volver a la orilla china.

Sabíamos que los dos soldados que nos escoltaban probablemente intentarían detenernos, así que trazamos nuestros planes para separar nuestra pequeña caravana tanto como fuera posible. «La unión hace la fuerza», y si lográbamos separar a nuestros dos guardias, cada uno de ellos podría ser manejado más fácilmente en solitario. En el peor de los casos, si los porteadores se negaban a ir hasta el puente, estábamos dispuestos a cargar nuestro equipo en los tres ponis que había comprado con vistas a una dificultad de este tipo, o incluso, como último recurso, a transportar las cargas nosotros mismos. Cambiamos de transporte en el pueblo de

Kyolong[59] y nos proporcionaron varios culis, hombres y mujeres, dos burros y un buey; era justo el tipo de transporte que difícilmente se mantendría unido. Hacia las cinco menos cuarto, con algunos de los culis, llegué a un punto a unos cientos de metros de la población de Yanjing donde el camino descendía por un valle escarpado. Les dije a los culis que íbamos «allí abajo» y que les pagaría por la distancia extra más allá de Yanjing, que era la etapa regular. Al principio querían ir directamente al poblado, pero pronto aceptaron. Un hombre que iba detrás con los burros gritó que íbamos en dirección contraria. Yo hice descender a los primeros culis sin ningún problema, Edgar hizo lo mismo con algunos más y, finalmente, el hombre de los burros nos siguió al ver que todos los demás habían bajado.

Para nuestra gran sorpresa, nuestros dos soldados nos siguieron sin decir palabra. A medida que descendíamos por el valle pudimos ver, a la derecha del profundo barranco por el que descendíamos, la estación de la Misión Francesa de Yerkalo[60], que había sido fundada por *monsieur* Desgodins en 1873. En el tejado de la casa pude ver con mis prismáticos a los dos sacerdotes franceses que subían y bajaban, e incluso pude reconocer a Père Grandjean, a quien había conocido en Batang. No vieron quiénes éramos.

Después de descender este barranco durante media hora, llegamos a una aduana de sal. Aquí los porteadores se negaron a seguir, diciendo que iba contra las órdenes, e incluso descargaron los animales. En este momento crítico parecía que habíamos fracasado y nos veríamos obligados a regresar, y doy todo el mérito de nuestro éxito en pasar este punto a la persuasiva lengua de Edgar —en chino—. Los pequeños oficiales de la aduana de sal parecían pensar que se trataba de una cuestión entre nosotros y nuestro transporte. Al final, recogieron de nuevo las cargas y las transportaron la corta distancia hasta el puente, pagamos a los culis y les dejamos marchar. No creíamos que nuestros problemas hubieran terminado, pues esperábamos que se nos impidiera cruzar el puente, pero tuvimos suerte y, al llamar al otro lado del río, los hombres salieron inmediatamente de la cueva en la que vivían y cruzaron, trayéndonos las correas y «monturas» necesarias, y empezaron a llevarnos al otro lado.

Calculé que el Mekong tenía más de noventa y un metros de ancho; el río estaba cubierto de lodo rojo. Mi hipsómetro marcaba una altitud de 2.347 metros. Fue una sensación extraña estar atado al «sillín» y lanzarse al abismo. El ritmo era trepidante y me advirtieron de que me agarrara a la «silla» con las manos, pero que mantuviera la cabeza alejada de la cuerda, ya que algunas personas habían perdido una oreja por tocar la cuerda al pasar en varias ocasiones. Aunque tuve cuidado, me agarré demasiado fuerte y mi hombro tocó la cuerda durante una fracción de segundo, lo que desgarró mi abrigo. Al llegar a la orilla opuesta saqué los pies y me los golpeé contra el acantilado. Nuestros ponis fueron conducidos a la plataforma de la que parte el puente de cuerda, donde les vendaron los ojos, los ataron firmemente a la silla y los empujaron suavemente.

Había algo cómico en su terror cuando sentían que el suelo desaparecía bajo sus pies y, mientras volaban, estiraban patéticamente las patas en todas direcciones buscando tierra firme. Sentí una especie de placer maligno en el caso de un animal muy malhumorado al que siempre nos habíamos visto obligados a cegar antes de poder ensillarlo. Tardamos casi dos horas en hacer cruzar a cinco hombres, tres ponis y seis animales de carga, y ya había oscurecido cuando terminamos. En este puente nos separamos de la escolta de dos soldados, uno de los cuales cruzó tras nosotros para recibir el regalo que teníamos para él.

Mi sirviente Wongshi, que había cruzado primero, consiguió que algunos hombres nos ayudaran a trasladar las cargas desde el puente aquella noche, y en nuestro afán por alejarnos del puente y del oficial de Yanjing lo más rápidamente posible, Edgar y yo transportamos cargas nosotros mismos.

CAPÍTULO VIII

Del Mekong al Irrawaddy

PASAMOS la noche en un pueblo llamado Jiada[61], donde nos alojamos en casa de un pequeño oficial chino relacionado con el impuesto sobre la sal.

Yanjing significa en chino «pozo de sal». El nombre tibetano es Tsaka, que significa salina. El pueblo de Yanjing, donde vive el magistrado chino, está a unos trescientos metros por encima de la orilla oriental, o china, del río. Los verdaderos pozos de sal están en la orilla del río a ambos lados. Son manantiales de agua salada de unos sesenta centímetros de profundidad y dos o tres metros de diámetro. El agua salada se recoge en cubos de corteza de abedul que se vacían en estanques situados bajo bancales de tierra poco profundos construidos en la ladera de la colina y que, a lo lejos, parecen los tejados planos de un gran pueblo. Cuando el agua salada se ha solidificado por la evaporación, se coloca en los bancales. El sol evapora pronto toda el agua restante y entonces se barre la sal con una escoba y con ella una buena cantidad de tierra roja. Desde aquí Edgar envió una carta a su mujer para decirle que habíamos cruzado la frontera, y lo hizo a través del sacerdote francés en Yerkalo.

Salimos al día siguiente por la mañana, 11 de junio, y subimos al monasterio en ruinas de Lagong. Este monasterio había sido destruido por los chinos en 1907, y muchos de los monjes asesinados. En el momento de nuestra visita estaba ocupado por cuatro soldados chinos al mando de un suboficial. Deambulamos por las ruinas y, al hacerlo, Edgar empujó sin querer una puerta que había sido sellada con la tarjeta de visita del oficial chino, pegada al otro lado. La habitación contenía algunos almacenes de cereal. Los soldados chinos se inquietaron mucho, pues decían que les acusarían de haber roto ellos mismos el precinto y de haberse llevado parte del grano.

Este incidente nos disgustó un poco, ya que daba al oficial chino de Yanjing una excusa para detenernos, y parecía que todo nuestro proyecto podría fracasar por este golpe de mala suerte. Los soldados insistieron en detener a Edgar hasta que el oficial del otro lado del río en Yanjing hubiera sido informado y hubiera vuelto a sellar la puerta. Discutimos lo que más nos convenía hacer y decidimos que yo seguiría adelante con el equipaje de Edgar y el mío, y que si él no podía seguirme le devolvería sus cosas y seguiría solo. Pensamos que si yo llevaba su saco de dormir y otras cosas daríamos la impresión de que considerábamos el incidente de poca importancia y que estábamos en nuestro derecho de seguir adelante; al minimizar así las cosas, juzgamos que los chinos también podrían tratar el asunto a la ligera.

Resultó ser un buen plan, ya que finalmente el secretario del magistrado llegó de Yanjing y volvió a sellar la puerta y, supongo que para «salvar las apariencias», dijo a Edgar que si hubiéramos ido a Yanjing el magistrado nos habría proporcionado transporte y escolta, y nos habría ayudado en el viaje. Esta oferta de ayuda del oficial local me fue útil después, cuando me pidieron que explicara por qué había cruzado un territorio que no estaba totalmente bajo administración o control chino.

Me adentré en un territorio no cartografiado y empecé a hacer un reconocimiento de la ruta que seguí hasta llegar a un territorio que ya había sido cartografiado, y sólo dejé de hacerlo cuando perdí la brújula. El valle del Mekong se divisaba a gran distancia en dirección sur. Consistía en colinas escarpadas y desnudas, con cada terraza plana irrigada y cultivada, contrastando así los campos con las desnudas colinas.

No tenía prisa en esta marcha, pues sabía que Edgar no podría aparecer hasta tarde y, de hecho, podría no hacerlo, así que abandoné el camino y recorrí el bosque. Vi dos gorales, pero no me dieron oportunidad de dispararles. También vi rastros de seraus, la otra especie de cabra salvaje que se encuentra en este distrito. La gente me dijo que encontraría dos variedades de ciervo en el valle del río que había debajo de mí. Las llamaban *sha-na* y *sha-me*, y coincidían con las descripciones de estos animales que me habían dado en Kangding.

Al anochecer, cuando me acercaba a Trongtse[62], vi a un hombre cabalgando por la senda en el lado opuesto del valle. Mis prismáticos revelaron que se trataba de Edgar, que siempre vestía ropas chinas. Llegamos al pueblo simultáneamente. La gente al oeste del Mekong era muy amable y hablaba un mejor dialecto del tibetano. Yo le había regalado a Putamdu un acordeón que solía tocar por las noches. Aquí, en Trongtse, la gente bailaba al son de las melodías tibetanas que él tocaba para ellos.

Al día siguiente, mientras caía aguanieve, cruzamos la divisoria entre el Mekong y el Salween por un paso, el de Beda La —4.541 metros de altitud, según el hipsómetro—, por encima de algunos ventisqueros. En el camino pasamos junto a muchos rododendros malva en flor, mientras que más arriba vi algunos blancos. Había acónito[63] en el paso y hubo que poner un bozal a los animales. Esta planta venenosa es un gran peligro en muchas partes de Tíbet, sobre todo en primavera, cuando la planta es pequeña y los animales de transporte la mordisquean fácilmente junto con la hierba. La mayoría de los ponis y mulas tibetanos no la comen cuando es más grande, pero yo he perdido dos veces ponis indios por envenenamiento con acónito. Pasamos junto a un hombre con un poni moribundo que nos pidió medicinas, pero no pudimos hacer nada, y más tarde nos alcanzó y nos dijo que su animal había muerto.

El Beda La está cerrado por la nieve de diciembre a marzo, época en la que se utiliza un paso, el Ti La, al oeste del Beda La. La senda que cruza el Ti La conduce a Drayul[64], un importante lugar visitado por A. K. (Krishna) en 1882.

El camino atravesaba un bosque de abetos. Algunos de los más grandes medían tres metros de diámetro a un metro del suelo. La gente me dijo que había faisanes orejudos, pero ni los vimos ni los oímos. Pasamos la noche en la lamasería de Pitu[65], donde había cincuenta monjes. El señor Bacot, explorador francés, había estado aquí un par de años antes que nosotros, y dejó una buena impresión. En lugares como este, todos los extranjeros son simplemente «extranjeros». Nadie sabe distinguir entre británicos y franceses. El primer extranjero que llega deja una impresión, buena o mala, que tarda años en cambiar. Donde seguimos los pasos de Bacot el camino se nos hizo fácil. Un monje incluso me ayudó a quitarme las botas, para sorpresa de Edgar, que dijo que difícilmente se lo creerían en su misión.

A su regreso, unos días más tarde, Edgar se enteró de que en Pitu habían recibido órdenes de detenernos, pero a pesar de esta indicación de que era visto con malos ojos, los aldeanos se mostraron encantados de darle la bienvenida y de prestarle toda la ayuda que les era posible. Edgar distribuyó folletos escritos en tibetano que fueron recibidos con mucho gusto. Los tibetanos atan estos «amuletos» cristianos, junto con los suyos propios, en puentes y árboles junto a los ríos. El viento que sopla sobre estos trozos de papel sagrado transporta el mérito por todo el país, mientras que el río también lleva la virtud a otros países. Los peces también se benefician. Calculamos que la población de Pitu, con sus granjas adyacentes, era de cien personas.

La gente era muy aficionada al tabaco; el rapé se guarda en una cajita redonda de madera, con un trozo de tela tensado en la parte superior, sobre el que se coloca la tapa. Unos golpecitos en el fondo de la caja introducen finos granos de rapé a través de la tela en la tapa, que se retira para tomar el rapé. Les gustaban mucho los cigarrillos, e incluso los lamas, a los que no se les permite fumar, pidieron algunos. Nuestros porteadores de Yanjing regresaron desde Pitu. Les pagamos cuatro rupias chinas por animal para una distancia de cincuenta y seis kilómetros en dos días. En Pitu las casas tienen techos de tejas sostenidas por piedras, como en Suiza. Esto indica un clima más húmedo que los tejados planos de barro de Batang y del valle del Mekong. El pueblo está situado en dos terrazas de regadío, mientras que la tercera, sin agua, es incultivable, está cubierta de matorrales y se utiliza para el pastoreo.

Dejamos Pitu y, viajando valle abajo, llegamos a un camino de peregrinos, donde nos encontramos con grupos que hacían el circuito de una montaña sagrada que, según nos dijeron, se llamaba Kang Karpo[66], que significa simplemente «nieve blanca». En algunos lugares, los peregrinos habían colocado montones de piedras y habían hecho pequeños «castillos de naipes» con pizarras. Subimos hasta un paso, el Trong La —3.352 metros, según el hipsómetro—, desde el que podíamos ver las nieves al sur y al suroeste. Desde lo alto del paso vimos una corriente que fluía hacia el norte. Resultó ser el Yu Chu[67], el río que acabábamos de dejar al otro lado del paso, donde discurría hacia el sur. El río, como puede verse en el mapa, hace unas curvas extraordinarias, y el Trong La está sobre un contrafuerte de uno de estos meandros. En el camino oí faisanes, presumiblemente faisanes de Stone[68]. Pasamos la noche del 13 de junio en la aldea de Wapuk[69], a unos cuatrocientos cincuenta metros por encima del río; ocupamos la misma casa en la que había dormido *monsieur* Bacot algunos años antes.

Llevaba conmigo el libro del señor Bacot, *Dans Les Marches Tibétaines* y estando en el lugar exacto del tejado de la casa donde tomó la fotografía de «Ouabo» —la grafía francesa de Wabo, como él la llamaba—, era curioso ver que las banderas de oración e incluso algunas cosas que yacían en el tejado no se habían movido en el intervalo de cuatro años.

Al día siguiente descendimos y cruzamos el Yu Chu en el pueblo de Ke[70] por un buen puente voladizo. La altitud era de 2.514 metros. Mientras se cambiaba aquí el transporte, atrapé una serpiente (*Coluber taeniurus*). Luego subimos hasta el Tongdu La[71] (3.703 metros). Cerca del paso cogí algunas mariposas, incluyendo dos especímenes de *Ypthima insolita*, que difiere de la forma típica, y una nueva variedad de la blanca veteada llamada *Aporia procris extrema*. Tuvimos que cambiar de porteadores varias veces y pagamos en rupias chinas. En un lugar me dieron media rupia india de la reina Victoria como cambio, y en otro, una de mis rupias chinas fue cortada por la mitad con un hacha con el mismo fin.

Cerca de la cima del paso evidentemente llegamos a un clima más húmedo. El bosque estaba formado por abetos por los que trepaba la hiedra, mientras que a sus pies crecían helechos; abundaba por aquí el papagayo de lord Derby (*P. derbyanus*), y conseguí un ejemplar de ardilla, de las que había muchas en estos bosques. Las cimas de las colinas están cubiertas de árboles altos, mientras que más abajo había una pequeña selva de matorrales, en su mayoría de roble espinoso, lo que indicaba que las precipitaciones eran menores en las laderas más bajas. Desde la cima del Tongdu La había una hermosa vista del Salween fluyendo hacia el sur. Los espolones a ambos lados hacían que el río se retorciera sin desviarlo de su dirección general hacia el sur. Las laderas del valle eran escarpadas y estaban desnudas, salvo por el bosque de las zonas más elevadas, con manchas de nieve por encima de éste. Se podían ver aldeas en cualquier terraza plana a la que se pudiera llevar agua. Pasamos la noche en la pequeña aldea de Lenbo[72], donde la muy amigable población trillaba maíz con mayales.

Al día siguiente, el 15 de junio, hicimos una corta marcha a Menkhung[73], un lugar importante con una guarnición de soldados chinos. Al salir de Lenbo, más bandadas de ruidosos loros volaban a nuestro alrededor. Descendimos por el valle, que estaba bien cultivado. En este valle llamaba la atención una planta parecida a un cactus con una flor de color naranja (probablemente *Euphorbia antiquorum*). Después de cambiar de transporte en Trana[74], hacia el mediodía, llegamos a un puente sobre el Salween similar al puente por el que habíamos cruzado el Mekong en Yanjing. Aquí el Salween parece un poco más grande. Todos los aldeanos llevaban consigo la «silla de montar» y las cinchas necesarias para cruzar el puente, y esto hizo las cosas más rápidas que en nuestro cruce del Mekong. Pagamos tres rupias por cruzar el puente, pero la gente que lleva sus propias cinchas no paga nada. Se atan y vuelan sobre el río de la forma más despreocupada. Tardamos casi una hora en hacer cruzar nuestro grupo de cinco hombres, cuatro ponis y las cargas de seis animales. Una medición del punto de ebullición mostró una altitud de 2.042 metros en el puente. La gente llamaba al río Gyalmo Ngulchu[75], que es el nombre utilizado en sus tramos más altos en Tíbet.

En Trana capturé una pequeña mariposa amarilla (*Eurema*). Fue la única que cogí, y me sorprendió encontrar este género tropical aquí. Fue considerada atípica por el señor South, del Museo Británico, que trabajó en mi colección, y es probablemente nueva, pero se necesitan más especímenes de esta localidad para decidir este punto.

El deber del *ula* de Trana era llevarnos a Menkhung, y los límites de estos *ula* se respetan tan a rajatabla que, aunque la distancia desde el puente hasta el pueblo era sólo de dos kilómetros y medio, nuestros culis e incluso los asnos que transportaban parte de nuestra carga llegaron estrictamente hasta el otro lado del río. Por supuesto, habría sido mucho más sencillo si hubiéramos tomado el nuevo transporte desde la orilla oriental[76] y así nos hubiéramos ahorrado llevar a estos hombres y animales por este incómodo puente de cuerda para un viaje tan corto.

Al entrar en Menkhung vimos muchos soldados chinos, algunos de los cuales, para mi sorpresa, saludaron a Edgar como a un viejo amigo. Edgar me dijo: «Me temo que es todo mentira; son soldados de Batang; los conozco bien y estaban en Batang cuando partimos. Deben de haber informado de que cruzamos el Mekong por Yanjing y, evidentemente, han enviado a estos hombres por el camino más corto y directo para detenernos». Parecía que nuestra pequeña excursión había llegado a su fin, pero resultó que no había razón para asustarse; estos soldados de Batang acababan de llegar en el relevo normal de la guarnición. Se mostraron muy amables con Edgar y dieron por sentado que, como no nos habían detenido en la frontera, debíamos de tener nuestros permisos en regla. Pronto nos hicimos amigos y nuestra habitación se llenó de soldados chinos y aldeanos tibetanos que se entretenían con el acordeón de Putamdu. Muchos de los soldados hablaban un poco de tibetano; uno que lo hablaba especialmente bien era un tibetano de Derge que se había alistado en el ejército chino. Los otros soldados le despreciaban y le intimidaban, llamándole *mantze*, un término despreciativo utilizado por los chinos para referirse a los tibetanos y a las tribus salvajes de esta frontera.

El oficial chino nos envió algunos regalos, pero se excusó por no visitarnos alegando enfermedad. A la mañana siguiente, sin embargo, vino a darme las gracias por un regalo de cuernos de ciervo que yo le había enviado a cambio. Yo había recogido estos cuernos en Kangding para el señor Elwes, el gran naturalista de Colesborne, y aquí en

Menkhung eran un regalo realmente valioso. Mientras viajaba por la China propiamente dicha y podía recurrir a la ayuda de los oficiales, creía que podía llevar todo el transporte que quisiera; pero ahora que estaba en Tíbet, donde la obtención del *ula* era una cuestión de farol o persuasión, decidí deshacerme de todo lo que me sobraba y reducir así las dificultades para obtener transporte. Le dije al oficial que iba a India, lo que no le sorprendió, pero cuando le dije que había oído que podía llegar a India en nueve días, enarcó un poco las cejas y me dijo: «Entonces vas a ir por Zayul». Me dijo que estaba a cargo de seiscientas cincuenta y seis familias, y que él mismo dependía de los magistrados de Yanjing. Su superior militar era el oficial de Zayul[77] que conocí más tarde.

Los habitantes de esta parte del país visten con *chubas* azules con un borde rojo que les da la apariencia de ser soldados uniformados. Menkhung solía ser un centro de comercio de esclavos, y encontramos muchos esclavos de una raza enana (probablemente rawangs[78]) que habían sido traídos de un país llamado por los tibetanos Tsong Yul, a siete días de viaje al sur de Menkhung. Edgar midió algunos aborígenes. Un hombre medía metro y medio y una mujer un metro y treinta centímetros, pero no pudo medir a muchos. Una de las mujeres tenía la cara tatuada.

Al ocupar Menkhung, los chinos descubrieron que el pueblo tenía entre los esclavos trece hombres y tres mujeres chinos, a los que liberaron. A los propietarios se les permitió conservar a sus esclavos no chinos. Habría sido inútil liberarlos, ya que sólo sabían vagamente dónde estaban sus hogares, y probablemente no habrían sido bien recibidos allí si hubieran regresado. Todos hablaban tibetano entre ellos y, supongo, habían olvidado su propia lengua.

Las granadas estaban madurando en los árboles de Menkhung, y los soldados chinos recogieron y me dieron algunos albaricoques medio maduros cuando me iba.

Un kilómetro y medio al este de Menkhung vi una lamasería que contenía sesenta y tres monjes.

En Menkhung me despedí de Edgar, que tenía que regresar para completar un trabajo misionero, y no volvería a ver otro occidental en unos dos meses. Lamenté mucho separarme de él, un misionero ideal para el trabajo de reconocimiento fronterizo. Creo sinceramente que sin él no habría pasado la aduana de sal sobre el puente del Mekong, y su conocimiento de la escritura china y tibetana me permitió arreglar mi pasaporte en Batang, un asunto de gran importancia.

Unos meses más tarde, cuando estalló la revolución y las vidas de los misioneros de Batang parecían correr peligro, me escribió sobre la posibilidad de que siguiera mi ruta a India con su familia si la situación empeoraba, pero afortunadamente no se vio obligado a marcharse. Esta carta es en cierto modo una curiosidad filatélica. En la época de mi viaje, los chinos se estaban apoderando completamente de Tíbet y, entre otras cosas, pusieron en marcha un servicio postal de Batang a Lhasa. Este servicio funcionó sólo durante una o dos semanas. Cuando las noticias de la revolución llegaron a las tropas chinas en Tíbet, perdieron todo sentido de la disciplina y finalmente fueron expulsadas del país por los tibetanos. Esta carta de Edgar viajó a Lhasa y de allí hasta mí en India, justo durante el par de semanas que funcionó esta línea postal, y lleva los matasellos de Batang y Lhasa.

Edgar y yo no llevábamos tienda y normalmente dormíamos al raso, en el tejado de la casa si era plana. Aunque siempre nos invitaban a entrar, preferíamos el aire libre a una habitación tibetana mal ventilada y llena de humo. Vivíamos enteramente de la comida de la zona, salvo un jamón de Yunnan que Edgar había traído como ración de reserva.

Monsieur Bacot había visitado Menkhung en 1909, y nosotros éramos los segundos visitantes del lugar. Por una curiosa coincidencia, el capitán Kingdon-Ward llegó dos días después de mi partida, según describe en su libro *The Land of the Blue Poppy*.

En Menkhung atrapé muchas mariposas, incluyendo varias nuevas especies —*Erebia innupta*, una Argus, *Aporia baileyi*, una blanca veteada, y *Halpe baileyi*, una saltarina—. También capturé varias otras blancas veteadas, así como mariposas pertenecientes a géneros tropicales.

Desde Menkhung subí hasta el No La. El camino estaba cubierto de mariposas, casi todas de una especie, *Lethe agrestis*. Se posaban sobre el estiércol de los caballos y en algunos lugares eran tan numerosas que no se podía ver el estiércol. Los últimos seis kilómetros hasta el paso fueron muy empinados. El agua hervía a 85,5 °C, lo que, con una temperatura del aire de 6,6 °C, da una altitud de 4.267 metros. Hacía frío, pues soplaba viento y me había empapado con un chaparrón. Las nubes entorpecían la vista, pero tuve una visión momentánea de una montaña nevada hacia el este, que supuse a treinta kilómetros de distancia y que evidentemente estaba en la cuenca del Salween-Mekong. El descenso fue empinado, al principio por rododendros y más abajo por bosques de abetos. Llegamos a una pequeña cabaña al pie del paso, empapados hasta los huesos, y nos alegramos de poder secarnos y beber té tibetano salado y con mantequilla. En mi opinión, sólo se puede beber con mucho frío e incomodidad, pero en estas condiciones, resulta muy agradable y cálido. Nos advirtieron de que había acónitos[79] alrededor de nuestra cabaña, y nuestros ponis tuvieron que ser atados en una parcela donde se sabía que era seguro pastar.

La cabaña donde pasé la noche se llamaba La-tsa o No La-tsa. En Tíbet, el refugio más próximo a un paso suele llamarse Latsa y, para que quede más claro, si es necesario, se añade el nombre del paso, por ejemplo, No La-tsa.

A la mañana siguiente, el 17 de junio, cruzamos otro paso, el Tsema La. El camino ascendía hacia el oeste por un valle en el que el riachuelo desaparecía a veces bajo tierra, dejando algunos charcos en la superficie. La ascensión era difícil cerca de la cima, y atravesaba ventisqueros de nieve blanda y profunda. Atrapé algunas mariposas en el paso, *Parnassius orleans* y *Pieris dubernadi*. La altitud del paso era de 4.770 metros.

Debido al mal tiempo y a informaciones poco fiables, no puedo decir con certeza si el No La o el Tsema La se encuentran en la cuenca del Salween-Irrawaddy. Desde el Tsema La vi que el arroyo que había cruzado entre los dos pasos fluía hacia el norte, pasando por un lugar llamado Jaha, y luego se unía a un valle que se extendía aproximadamente de este a oeste. Como el Tsema La era la frontera entre los distritos de Tsarong, al oeste, y Drogong, al este, me pareció muy probable que se encontrara en la cordillera principal y que la corriente fluyera hacia el Irrawaddy. Así lo he hecho constar en mi mapa, pero sigue siendo una cuestión abierta que queda por aclarar.

El mapa de *monsieur* Bacot no ayuda y él probablemente se encontró con mal tiempo.

Después de descender unos once kilómetros, llegué a un río de unos dieciocho metros de ancho que es un afluente del Irrawaddy. Tras remontarlo por la orilla oriental durante tres kilómetros a través de un bosque, llegué a un terreno abierto y herboso en el que pastaban vacas, ovejas, ponis y cerdos. En el camino vi gran cantidad de orquídeas cyprepedium. Una, carmesí en un tallo corto, era probablemente C. *tibeticum*, y la otra, una flor más alta y amarillenta, probablemente C. *lutea*. Si estas orquídeas, que habitan en un clima no muy distinto del nuestro, se introdujeran en nuestro país, serían un valor añadido para cualquier jardín. Hace unos años me llevé algunas plantas a casa. Sobrevivieron varios años en un invernadero. En su país obtienen una espesa capa de nieve en los meses más duros del invierno. Nuestro clima no lo garantiza.

Pasé la noche en un lugar llamado Ridong (3.657 metros), entre una gente poco complaciente que se negó a venderme leche o una oveja y puso grandes dificultades para facilitarme un poco de cereal para mis ponis. Las casas tenían tejados a dos aguas sostenidos por piedras. La gente cultiva aquí una cosecha incierta y vive del pastoreo. Para entonces ya había gastado todas mis velas, excepto dos que guardaba para hervir agua durante mis mediciones de altitud en puntos importantes del camino. Cuando oscurecía, mi única luz eran las astillas de pino resinado.

A la mañana siguiente mi transporte llegó con retraso, así que, para dar ejemplo, di dos rupias al único hombre que había trabajado para conseguirlo, y al dueño del primer poni que llegó le pagué media rupia más, y le dije que yo habría sido igual de generoso si todos se hubieran portado igual de bien conmigo. Les dejé discutiendo entre ellos por esto, aunque mostraron una actitud muy amistosa conmigo y prometieron prestarme toda la ayuda que fuera posible si volvía. Una gente sencilla.

En Ridong atrapé varias mariposas, una sofía (*Argynnis lathonia*) y algunas pequeñas fritillarias alpinas (*Argynnis gong* y *Melitaea arcesia yunnana*), y tres variedades de blanca veteada (*Aporia venata, A. goutellei* y *A. davidis*).

CAPÍTULO IX

Las fuentes del Irrawaddy

EL 18 de junio seguimos remontando este brazo del Irrawaddy. El fondo del valle era herboso, con bonitos claros en los bordes del bosque. Por encima de la franja de árboles había acantilados rocosos y hierba. Los tábanos acosaban a nuestros ponis.

A nueve kilómetros y medio de Ridong llegué a la confluencia de dos riachuelos. La crucé desde el nordeste por un puente en el que había muchas de las orquídeas cyprepedium. Almorcé en un molino harinero ochocientos metros más allá del pequeño monasterio de Gon-se[80]. El molino estaba cerrado pero funcionaba. Comenzó a llover mientras almorzaba, y un simpático monje apareció providencialmente y abrió el molino para mí, de modo que no sólo pude refugiarme, sino también tener compañía en mi solitaria comida. El monje había estado tres años en el monasterio de Sera, en Lhasa. Me contó que el río que pasaba por debajo de nosotros[81] atravesaba el país de «Tsong, de donde proceden los esclavos». Dentro del molino, la cebada seca se colocaba en un cesto sobre las muelas. A la cesta se sujetaba un palo, uno de cuyos extremos se apoyaba en la superficie rugosa de la muela giratoria. La fuerza era suministrada por el arroyo.

A medida que la piedra giraba, el palo traqueteaba hacia arriba y hacia abajo, sacudiendo la canasta lo suficiente como para asegurar que un pequeño hilo de cebada cayera en el agujero de la piedra superior. La cebada caía y se molía entre las piedras.

Pasé la noche en una cabaña destartalada en Lagyap[82]. El paisaje era precioso, rico en flores de las que se alimentaban numerosas mariposas. Creo que este valle proporcionaría una valiosa cosecha a un botánico. Aunque la altitud es de entre 3.657 y 3.962 metros, el clima parecía más suave que a esa altura en otras partes de Tíbet que yo conocía, y supongo que las plantas de aquí servirían en Inglaterra. La razón por la que muchas plantas tibetanas son difíciles de cultivar en Inglaterra es que les falta la capa de nieve que las protege de las heladas invernales. Cuando se derrite, la primavera ha llegado y las plantas pueden seguir adelante sin peligro de heladas tardías.

Atrapé una nueva variedad de mariposa saltarina con un nombre espantoso (*Carterocephalus christophi tibetanus*), y capturé algunos pájaros, un zorzal risueño (*Trochalopterum ellioti*), un tordo aliblanco (*Perrisospiza carneipes*), y una alondra india (*Alauda arvensis coelivox*). Conocí a un anciano que recaudaba impuestos para los chinos. Se maravilló de que estuviéramos gobernados por una reina. Me preguntó si era cierto que en mi país las mujeres tenían más poder que los hombres, quienes, según había oído, estaban obligados a caminar, mientras que a las mujeres se les permitía montar a caballo. Nunca había oído hablar de ningún tipo de carruaje o vehículo con ruedas. Me dijo que me sería imposible ir a India en esta época del año debido al calor. Los tibetanos son mucho menos adaptables que los europeos a climas a los que no están acostumbrados, y siempre les aterroriza incluso el calor moderado. Le di al hombre una vieja hoja de afeitar y unas gomas elásticas, novedades que parecieron agradarle exageradamente. No había visto señales de chinos desde que salí de Menkhung, con la excepción de dos soldados que viajaban entre Menkhung y Zayul con despachos. Al principio pensé que les habían enviado para detenerme y ordenarme que regresara a China. Fueron unos compañeros muy agradables y pasaron la noche en la cabaña conmigo. Un pequeño grupo de comerciantes tibetanos de sal me acompañó. Pasamos varias noches juntos. Uno de ellos estaba enfermo, le curé y tuve suerte. Mejoró y mi reputación aumentó. Llevaba varios días sin ver caza, pero por la mañana temprano, en Lagyap, oí el fuerte reclamo del faisán orejudo a gran distancia. Es bastante inconfundible, algo así como el graznido de un pavo. Existe la posibilidad de que se tratara del *Crossoptilon harmani*, un ave de color azul pizarra, y no del *C. crossoptilon* blanco, ya que se desconoce la línea divisoria entre ambas especies.

Casi podría decir que uno de los objetivos secundarios de mi viaje era encontrar el faisán de Harman. Esta ave fue descrita por el difunto señor Elwes a partir de una sola piel encontrada por el capitán Harman, del Departamento de Topografía de India, en una cabaña de la frontera meridional de Bután. Esta piel no tenía ningún conservante, y fui a verla al Museo Británico antes de irme a China. Prácticamente, no era más que un montón de plumas en una caja de cartón. Se creía que el ave procedía de doscientos cuarenta kilómetros al este de Lhasa, pero no se sabía nada definitivo sobre ella. Tenía la esperanza de que si viajaba hacia el oeste daría con una región donde esta ave desplazaba al *C. crossoptilon* blan-

Hunter's Paradise, el capitán Kingdon-Ward, al comparar el tamaño de los ríos donde los vio, llegó a la conclusión de que los que nacían entre los dos pasos, el Tsong La y el Rishu La[84] contenían más agua que los que se originaban al este del Tsong La. Esta es también mi opinión. Estos pequeños ríos también están más alejados del río principal, como puede verse en el mapa.

En el *Geographical Journal* de 1933 escribí una breve nota al respecto en la que daba los siguientes detalles sobre los ríos a los que llegué entre los dos pasos:

> A diez kilómetros por el camino al oeste del Tsong La crucé un río de catorce metros de ancho y sesenta centímetros de profundidad. A quince kilómetros del Tsong La, después de pasar dos chozas llamadas Dokong, crucé otro ramal por un vado de dieciocho metros de ancho por cuarenta y cinco centímetros de profundidad; y tres kilómetros más allá crucé otro ramal que venía del oeste por un vado de catorce metros de ancho por cuarenta y cinco centímetros de profundidad —noté que la corriente se estrechaba a unos tres metros—, y ochocientos metros más adelante, volví a vadear un ramal de nueve metros de ancho y cuarenta y cinco centímetros de profundidad. En todos estos casos, el río era más angosto en las cercanías, estando los vados naturalmente en partes amplias y poco profundas.

Me pregunto si alguna de las personas que se vieron obligadas a huir hacia el norte por la invasión japonesa de 1942 consiguió lo que varios viajeros no han logrado, es decir, llegar a esta parte del Irrawaddy desde Birmania.

Salí de Lagyap el 19 de junio y ascendí catorce kilómetros y medio hasta el Tsong La —4.526 metros, según mi hipsómetro—. El camino fue dejando atrás los altos enebros y co. Dos años más tarde, cuando estaba con un grupo inspeccionando y explorando los valles más altos de las Colinas Mishmis, me encontré con una colonia de tibetanos[83] que me dijeron que a cierta distancia hacia el norte se habían encontrado faisanes orejudos con plumas azules en lugar de blancas. Esta coloración azulada se debía, según ellos, a que los pájaros comían acónito, que, en vez de envenenarlos, volvía azules sus plumas. Al final llegué a la zona y me traje varias pieles de vuelta.

La silla de montar habitual en este valle es una piel de baral, lo que indica la presencia de estos caprinos salvajes en las colinas más altas. En Lagyap entra un valle desde el norte por el que vi un pico nevado. Me dijeron que en este valle había un pueblo llamado Gula. El viajero francés, *monsieur* Bacot, había descendido por este valle dos años antes. Él opina que el río por el que bajó es la fuente principal del Irrawaddy.

El nacimiento verdadero de un río del tamaño e importancia del Irrawaddy es una cuestión de considerable interés. El relato del viaje de Bacot fue publicado en la revista *La Geographie* el 15 de abril, y no lo había visto cuando llegué a este punto el 18 de junio. Sin imaginar siquiera que pudiera haber duda alguna de que seguía el valle principal, no presté especial atención a la corriente que venía del norte y que Bacot creía que era el río más grande. Si hubiera reconocido la importancia de esto, habría prestado alguna atención al tamaño de estos dos ríos y podría haber medido la cantidad de agua en cada uno.

El capitán Kingdon-Ward y lord Cranbrook ascendieron desde Birmania y, tras venir así desde el sur, llegaron a menos de tres días de mi camino en Ridong. En su libro, *Plant* abetos y transcurría entre enebros enanos, rododendros y sauces. Aproximadamente un kilómetro y medio antes de llegar a la cumbre pasé por un hermoso lago circular de unos ciento cuarenta metros de diámetro, en uno de cuyos lados había rododendros en flor. El conjunto daba la impresión de ser un elemento artificial de un parque en el que un paisajista hubiera pensado mucho. Aquí abatí una perdiz (*Perdix hodgsoniae sifanica*). Después de cruzar el puerto, el tiempo mejoró y, bajo el sol, capturé más de las fritillarias alpinas que había encontrado en Ridong. Los rododendros enanos crecían hasta la cima del puerto. Al descender, vi unas preciosas amapolas azules y amarillas y observé una orquídea carmesí Cyprepedium (¿*C. tibeticum*?) a una altitud de 4.114 metros. He visto una forma enana de esta orquídea creciendo en el valle superior de Chumbi a más de 4.570 metros de altitud, pero su mayor extensión y su mejor estado se encuentran a unos tres mil metros. Pasé la noche en Dokong (4.130 metros). Los dos soldados chinos que se habían unido a nuestro grupo, mis sirvientes y yo compartimos la mejor de las dos cabañas. Las paredes eran de vallas, el techo de tejas, y el viento y la lluvia soplaban todo el mediodía y la noche. Tampoco aquí pude conseguir comida para mis hombres y animales, pero afortunadamente pude comprar un poco a los soldados chinos. Para entonces, sólo me quedaba un trozo de algodón en un platillo de mantequilla como lámpara.

Al día siguiente crucé la divisoria de aguas Irrawaddy-Brahmaputra por el Rishu La (4.754 metros), a nueve kilómetros de distancia de Dokong. Me encontraba ya muy cerca de India y conocí a un hombre de Rima[85] que me dijo que había un camino desde Rima a través de la región nahong (mishmi) hasta Atsera (Assam), que se recorría en quince días, pero que era intransitable para los animales. Me habló de la visita de *sahibs* a los alrededores de Rima el año anterior. Se trataba del grupo del señor Noel Williamson, que había remontado el valle del Lohit desde Sadiya. El señor Williamson podría haber ido fácilmente a Rima. Cualquier aversión por parte de los tibetanos a la visita de un europeo había sido borrada por la invasión de los chinos, y por consiguiente mostraban cordialidad con nosotros. El propio dalái lama se había refugiado en India. Sin embargo, Williamson había recibido órdenes estrictas de su gobierno de no cruzar a territorio tibetano.

Había rododendros a ambos lados del paso; estos casi alcanzaban la cumbre en el lado oriental. En el puerto capturé algunas mariposas Parnassius (*P. orleans*), la blanca veteada (*P. dubernadi*) y una saltarina (*Pyrgus oberthuri*). Había bastante nieve, pero muy poca en la pista. A unos trece kilómetros del puerto, el río entra en un desfiladero. Los acantilados descienden hasta el nivel del agua a ambos lados, y para evitarlos el camino cruza la corriente, un torrente loco y espumoso, seis veces por puentes de madera.

Junto a la senda crecían hermosas amapolas azules y amarillas. Una era probablemente *Meconopsis horridula*, una flor que yo conocía, pero los especímenes que recogí se perdieron. Por la tarde llegué a la pequeña aldea de Michi[86]. Aquí entraba un torrente desde el nordeste, por el que hay un paso, el Tila La. Por este valle había viajado A. K. (Krishna) veintinueve años antes, y yo iba a seguir durante unos días las huellas de este explorador cuidadoso y fiable. A. K. llamaba a este lugar Rika y, al preguntar, me dijeron que el pueblo se llamaba a veces Michi-Rika, pero que Michi era el nombre común en la actualidad. Aquí hay unas fuentes termales en las que me bañé. El agua brotaba de la tierra a una temperatura de unos seis grados. La gente era amable; decían que los chinos les trataban bien, pero por lo que habían oído de otros lugares no esperaban que esto durara. Los chinos, aunque para nosotros crueles y despiadados, trataban a la población en cierto modo mejor que el propio gobierno tibetano. Cobraban menos impuestos y, lo que era igualmente importante, pagaban su *ula*. Un hombre de Rima me dijo que habían oído que los habitantes de Assam estaban bien gobernados y pagaban pocos impuestos, y que envidiaban su buena suerte.

Por aquí utilizan un trozo de bambú doblado para comer, que utilizan como nuestras pinzas para el azúcar. Usan una curiosa funda para sus cuchillos y espadas; en realidad es sólo media funda, y el cuchillo se coloca a lo largo de un trozo de madera y se sujeta con alambres, de modo que toda la hoja queda a la vista. Esta forma de funda la emplean los lepchas de Sikkim, los adis, los mishmis y otras tribus al este de Bután, pero me sorprendió verla en Tíbet. Más aún me sorprendió ver hace unos años en el valle de Chumbi a un grupo de musulmanes centroasiáticos con vainas de este tipo.

Por lo que pude deducir, habían abandonado su hogar en las montañas Altái y se dirigían a La Meca, pero se habían equivocado de camino y habían aterrizado en Lhasa. Hablaban un idioma que nadie podía entender, pero repetían la palabra *altai*, que podía ser el nombre de su hogar o quizá alguna otra palabra en su lengua. Llevaban un mosquete de pedernal muy antiguo con una inscripción rusa en la llave de chispa. Las tropas musulmanas indias de Chumbi les agasajaron y ayudaron. Los envié a Calcuta, desde donde los musulmanes locales los encaminaron a La Meca.

Nuestro camino discurría entre enebros achaparrados, sauces y rododendros, excepto en la cima del Rishu La, donde había tramos de césped. Al día siguiente, 21 de junio, descendí por el valle a través de bosques de abetos, pinos, abedules y rododendros, todos cubiertos de un «manto de hadas» que daba la impresión de estar viajando bajo el océano entre algas a la deriva. Bajo los árboles crecía la hierba doncella. El río era un torrente de espuma blanca. En un momento me fijé en un arroyo considerable que brotaba de la ladera por encima de la orilla septentrional. Durante kilómetro y medio, el camino y el río atravesaron un desfiladero, después del cual la vegetación cambió y todo, incluidas las bandadas de loros, indicaba un clima más cálido. En Drowa Gompa[87] llegué a las orillas del Zayul Chu, que en su curso inferior se llama Lohit y se une al Brahmaputra en Assam. Aquí encontré una gran aldea, muy poco habitada, con muchas casas vacías. La gente no podía darme ninguna razón para ello, excepto que los habitantes habían muerto. La población era considerablemente menor que cuando A. K. viajó en 1882. Él informó de que había cincuenta monjes en la lamasería, número que se había reducido a quince en el intervalo de veintinueve años. Evidentemente, esta parte del valle del Zayul Chu había albergado antaño una población mucho mayor. Se veían claramente las huellas de las terrazas de cultivo, ahora cubiertas de arbustos. Se trataba de una región de entre mil quinientos a tres mil metros de altitud, con un clima templado y una pluviosidad moderada, donde una colonia de gente acostumbrada a ese clima podría prosperar.

Muchos de los monjes se acercaron a verme a mí y a mis pertenencias; ninguno de ellos había visto antes a un europeo ni sus posesiones. Me enteré de que este río fluía desde Sangngak Chödzong[88]. En los mapas anteriores, Sangngak Chödzong solía aparecer en un afluente del Salween o del Irrawaddy. Capturé un gran número de mariposas de trece variedades, incluidas algunas de géneros tropicales; una de ellas era una nueva especie de Argus llamada *Erebia baileyi*. También era frecuente ver una forma de fritillaria parda alta británica (*A. Adippe*).

Mi medición de la altitud dio como resultado 2.834 metros, apenas trescientos cinco metros más que el resultado de A. K. (Krishna). Pasé junto a un cartel chino colocado en un palo partido, pero los chinos no tenían prácticamente ningún control sobre la zona, y ya no había nada que me impidiera viajar por donde quisiera. La información que había reunido indicaba que, si llegaba a un río llamado Ngagong Chu, podría seguirlo hasta su confluencia con el Tsangpo, y estaría muy cerca de las cataratas que esperaba alcanzar. En consecuencia, decidí remontar el Zayul Chu en dirección norte.

CAPÍTULO X

Vuelta atrás

CRUCÉ el río que había seguido desde el Rishu La por un puente voladizo construido sobre una roca en la corriente, y subí por la orilla oriental del Zayul Chu a través de un espeso bosque. El río era muy fangoso y tenía unos veintisiete metros de ancho, pero después de unos trece kilómetros se estrechaba a unos seis metros de ancho, y se precipitaba bajo una roca saliente, y la gente había aprovechado esto para construir un puente a través. Tres kilómetros más allá, un valle se unía al río desde el nordeste.

A dos días de camino se encuentra un lugar llamado Trong Yul, al que se llega tras cruzar un paso, el Kia La. En un lugar llamado Giada encontré unas chozas deshabitadas, construidas por los chinos, el único refugio en esta marcha de treinta y siete kilómetros. Tuve algunas dificultades para que mis porteadores continuaran más allá de este poco atractivo lugar de parada, ya que no conocían el camino y temían no llegar al refugio de una casa esa noche. Más o menos kilómetro y medio más allá de Giada, un magnífico precipicio de unos trescientos metros de altura aparece sobre la orilla este y cae en picado sobre el río, un torrente salvaje. El terreno era muy escarpado, pero había algunos lugares llanos en los que crecían pinos. Se hacía tarde y nadie conocía la zona, así que estaba buscando una roca adecuada para poder dormir cuando nos encontramos con dos niños que pastoreaban ovejas y cabras. Esto parecía esperanzador aunque, por desgracia, los niños huyeron en cuanto me vieron. Sin embargo, no tardamos en llegar a su casa, en una pequeña parcela de cultivo llamada Polu[89]. Allí uno de mis ponis se puso enfermo con un leve cólico y me propuse darle un poco de whisky que llevaba encima para casos de emergencia. Uno de los habitantes se sintió terriblemente afligido ante esta idea. Dijo que el poni había comido acónito y que él podría curarlo si yo le daba a él la dosis de whisky. El hombre le dio leche agria y le cortó el paladar. El poni estaba mejor a la mañana siguiente, y todos estuvieron de acuerdo en que había sido una cura maravillosa y que, mejor aún, ahora el poni no volvería a tocar el acónito.

Los tibetanos tienen curiosas curas veterinarias. Creen que es mejor prevenir que curar, y para ello cada establo tiene un amuleto de papel o lana retorcida que mantiene alejados a los demonios. A pesar de ello, probablemente debido a la maldad del propietario, se producen enfermedades. Hace unos años, en el valle de Chumbi, un poni mío contrajo el tétanos. Un veterinario indio dijo que era incurable sin suero, que no pudo conseguirse a tiempo. Sin embargo, un tibetano se presentó y dijo que podía curarlo. Frotó rapé en el ojo del poni y lo sangró a través de la lengua, frotando rapé en la incisión, y en poco tiempo el poni se movía y comía. El veterinario no podía creerlo hasta que vino y lo vio. Sin embargo, la curación fue temporal y el poni murió a las pocas horas.

Los habitantes de este valle rara vez viajan y no saben nada de la región a su alrededor. Me dijeron que había mucha caza, incluso ciervos, a cuatro días hacia el este. Creyeron que era un comerciante y querían que les vendiera rapé, al que son muy aficionados.

Uno de los problemas de estos caminos estrechos y empinados que atraviesan bosques es que los árboles que se cruzan en la senda son obstáculos muy serios. Me encontré con uno sobre el que saltaron mis ponis después de descargarlos, pero un salto en un camino estrecho sobre un precipicio es muy peligroso. Con el tiempo, los habitantes abren el camino a través de un árbol de este tipo y dejan ambos extremos pudriéndose en el suelo, pero abrir un camino cortando un gran árbol con sus simples hachas puede llevar varios días. En este valle capturé gran cantidad de mariposas, entre ellas otra nueva especie de Argus (*Erebia inconstans*), y en Loma otra nueva especie (*Lethe baileyi*).

Al día siguiente, 23 de junio, después de viajar algo más de tres kilómetros, llegamos a un puente sobre el río que lleva al pueblo de Loma[90], que es la etapa regular, pero el camino directo continúa por la orilla occidental durante diecinueve kilómetros, cuando cruza a la orilla oriental. Después de recorrer unos treinta y dos kilómetros por un camino pedregoso a través de un bosque de pinos lleno de ruidosos loros verdes de lord Derby que anidaban en agujeros de los árboles, crucé un río y desde un espolón sobre él vi la aldea de Gochen[91], y más allá, al noroeste, la lamasería y el fuerte de Sangngak Chödzong, desde donde se gobierna el país.

Había empezado mi viaje con tres relojes. Uno se estropeó bastante pronto, y aquí tuve un accidente con el segundo. El cristal se rompió y tuve que empaquetarlo con unas hojas en una pequeña caja. La llevaba con mucho cuidado y tenía que abrirla cada vez que quería ver la hora. Como calculaba mis distancias por tiempo, esto sucedía cada pocos minutos. Este arreglo no duró mucho, y pronto me quedé con mi tercer y último reloj, que a su vez sufrió un accidente. Como esto ocurrió justo cuando entraba en un país previamente inspeccionado, no tuvo mucha importancia.

Pasé la noche en Gochen, en una casa de descanso. El dzongpön, u oficial del distrito de Sangngak Chödzong, había huido a la llegada de los soldados chinos el año anterior, pero sus dos sirvientes estaban aquí y, a la manera tibetana, se encargaban de la administración en su ausencia. Uno de estos hombres había estado en Gyantse durante los combates de 1904 y reconoció las fotos de mi galgo negro, «Jane», que siempre llamaba la atención por ser el primer perro de ese tipo que se veía en el país. Me fijé que había ancianos que se pasaban el día dando vueltas a los molinillos de oración. Dos de ellos me dijeron que tenían más de cien años. Pregunté a un hombre por ellos y me dijo que eran *muy* mayores, quizá incluso de cincuenta o sesenta años. Los tibetanos no son una raza longeva. Hace algunos años, la prensa dio cierta publicidad a un grupo que viajaba al «Himalaya» para estudiar a una tribu que había encontrado el secreto de la longevidad. Imagínense mi asombro cuando me enteré de que la supuesta tribu estaba formada por los habitantes de una aldea del norte de Sikkim, donde yo solía pasar algún tiempo en un entorno encantador, en un bungalow muy confortable, a unos dos mil cuatrocientos metros de altitud; los habitantes eran ciertamente lo contrario de longevos.

Tenía la intención de descansar un día en Gochen, pero hacia el mediodía recibí una indicación de que pasara la noche en Sangngak Chödzong, así que hice las maletas y recorrí los seis kilómetros y medio que me separaban de allí, atravesando una meseta cubierta de matorrales por la que dos brazos del Zayul Chu cortaban barrancos de ciento cincuenta metros de profundidad. Fui muy bien recibido por una multitud de monjes ansiosos por ver por primera vez a un hombre blanco; me habían preparado una casa y me dieron de comer arroz, carne y té con mantequilla.

También me obsequiaron con una pequeña cantidad de té indio que el señor Williamson había regalado el año anterior a un funcionario menor que había conocido en la frontera mishmi-tibetana. No lo bebía, sino que lo guardaba como curiosidad. Una curiosidad aún mayor era el papel en el que estaba envuelto: las hojas de publicidad del periódico *Pioneer*. Me pidieron que se lo explicara, sobre todo las ilustraciones bastante burdas de diversos artículos en venta. Los periódicos eran prácticamente desconocidos en Tíbet y los tibetanos no podían entender tanta letra impresa cuando se leía tan poco de ellos. Son tan grandes que, aunque se diera cada página a un lector diferente, se tardarían muchas horas en leerlas todas. Se hojean aquí y allá y luego se tiran.

Seguramente sería mejor imprimir sólo lo que la gente quiere leer. ¿Qué se puede responder a una pregunta de este tipo a un hombre que nunca ha visto ni oído hablar de un periódico? Los anuncios ilustrados, sin embargo, son una fuente inagotable de interés. Cuando vivía en Gyantse descubrí que uno de los regalos más gratos que podía hacer era un viejo catálogo del Army and Navy Stores.

Después de comer, me llevaron a visitar el monasterio. La imagen principal era una del Buda que está por venir, llamado Chamba en tibetano[92] y representado siempre sentado con los pies hacia abajo, como un europeo, y no con las piernas cruzadas, como un tibetano. También había una hilera de chortens —estupas— bellamente decoradas. Les regalé una fotografía del dalái lama tomada cuando estuvo en Calcuta, que todos tocaron en reverencia con la frente. Había unos setenta monjes; el abad había huido cuando llegaron los chinos. El auténtico dzong o fuerte, la residencia oficial del oficial a cargo del distrito, estaba en ruinas.

El vecindario estaba relativamente poblado. Diría que había quinientas personas en ocho kilómetros a la redonda. Las casas son considerables, con tejados a dos aguas. La altitud de Sangngak Chödzong era de 3.657 metros, según el cálculo por punto de ebullición.

Había comprado cuatro ponis, unos en Batang y otros en otros lugares del camino, por si la gente me negaba el transporte local; ahora ya no eran necesarios, pues me proporcionaban *ula* sin problemas. Por otro lado, al paso que llevaba, estaban bastante agotados; y además la gente me dijo que no los podría hacer pasar por la nieve del Dzo La, que debía cruzar. Esto último resultó ser falso, y se me proporcionó transporte de ponis. Sin embargo, me alegré de deshacerme de mis ponis, y además la pequeña suma de dinero que me dieron me vino estupendamente. El Dzo La está cerrado por la nieve durante la mayor parte del año, cuando se utiliza un camino alternativo y más largo; este cruza un paso llamado Dama La y se une al camino del Dzo La en la cueva de Pugo. El Dama La fue atravesado por Kaulback y Hanbury-Tracey en 1936. En Sangngak Chödzong cacé un representante oriental de nuestra grajilla (*Coloeus neglectus*) y también un papamoscas (*Hemichelidon siberica rothschildi*). Abundaban las chovas piquirojas y se oía la llamada del cuco. En cuanto a las mariposas, capturé la golondrina británica *P. machaon* y dos pequeñas «cobrizas», incluida una nueva forma, *Lycaena standfussi subbrunnea*.

El 25 de junio salí de Sangngak Chödzong. Los monjes me trajeron como regalo de despedida algo de carne seca de yak y mantequilla. Mi camino empezaba cruzando el río por un puente en el que había una rueda de oración movida por el agua.

Conocí a unos peregrinos que regresaban de Lhasa y llevaban un mes y veinte días de camino. Los peregrinos, sin embargo, nunca parecen tener prisa, y me dijeron que eran treinta y dos marchas ordinarias y que viajando más deprisa se podía llegar a Lhasa en doce días. Por supuesto, los mensajes llevados por relevos de jinetes viajarían aún más rápido.

También conocí a un hombre que estaba en Darjeeling en 1906 cuando había llegado un oficial chino, Zhang Yintang, enviado para resolver la cuestión tibetana. Tuvimos una larga charla sobre la gente y los incidentes de aquella época. También me dio información sobre el camino que tenía por delante.

Me encontré con un alegre grupo de comerciantes de sal que estaban descansando con algunos aldeanos locales, uno de los cuales había vivido en Gyantse, lo que nos dio mucho de qué hablar. Les compré dos *chubas*, abrigos tibetanos, uno para Putamdu y otro para mí. Nuestras ropas se estaban desgastando y pensé que sería mejor llevar la ropa del país y que, en una ocasión similar, sin duda debería llevar una *chu-*

ba. También compré una tienda tibetana. Las tiendas tibetanas pueden ser muy bonitas, con aplicaciones de telas de colores brillantes sobre percal resistente, pero esta era otra cosa: un trozo de percal liso con un borde azul oscuro que se extendía por encima para proteger de la lluvia. Sin paredes ni laterales de ningún tipo.

Me detuve a comer en una cabaña ocupada por una mujer y un niño, ambos muy asustados. Pronto los calmamos y me vendieron un poco de leche.

Al principio, el camino discurría entre coníferas, abedules y álamos, pero más tarde estos quedaron atrás y el país se volvió desolado, con picos nevados y glaciares al sur y suroeste. Acampé en un lugar llamado Poda[93], apenas cuatro paredes de piedra tosca que mis muleros acomodaron como refugio con algunos tablones que había cerca, evidentemente dejados con ese fin. También encontramos un poco de leña de enebro recogida y añadimos a esta algo más de los arbustos enanos cercanos. Era bastante acogedor y me quedé aquí para escribir mis notas, etiquetar mis colecciones y cenar, saliendo sólo para dormir bajo mi tienda. La altitud era de 4.328 metros.

A la mañana siguiente, después de una noche húmeda, nos levantamos y nos encontramos con que tres de nuestros ponis del *ula* habían regresado a sus casas durante la noche, así que no salimos hasta casi mediodía. Pasé el tiempo paseando por el campamento. Atrapé algunas mariposas, entre ellas una interesante *Agriades dis* «azul», y encontré el nido de un petirrojo himalayo (*Erithacus tschebaiewi*). Alcancé la cima del Dzo La en una hora y media. Tenía una buena vista del valle que había ascendido, y pude ver Sangngak Chödzong y Gochen claramente; de hecho, todo el valle hasta los alrededores de Loma era visible. La altitud era de 4.937 metros, según el hipsómetro. Tuve que cruzar varios ventisqueros, y al descender del paso tuvimos que atravesar ochocientos metros de nieve blanda, que dio algunos problemas a nuestros ponis. A poca distancia del paso pude ver el país hacia el noroeste; vi un valle amplio y abierto con colinas cubiertas de hierba, pero sin árboles ni casas. A la izquierda (sudoeste) había algunos picos nevados y glaciares, y naturalmente supuse que el arroyo que yo seguía desde la montaña se unía a los riachuelos de los glaciares y fluía por el valle llano hacia el noroeste.

Sin embargo, cuando descendí hacia este arroyo me sorprendió ver que fluía hacia mí. La verdad es que el Dzo La no es la importante divisoria de aguas que yo había imaginado, pero el regato que fluía hacia mí pasaba entre estupendos paisajes al oeste del Dzo La y se abría paso hasta Sangngak Chödzong. Ahora me imaginaba que toda la longitud del valle llano por el que viajaba llevaba el agua al Zayul Chu, pero después de recorrer unos diez kilómetros desde el paso me encontré con una corriente lenta que fluía en la dirección en la que yo viajaba, es decir, al noroeste.

El hecho es que la divisoria entre las aguas que desembocan en el Lohit y en el Tsangpo se encuentra en medio del amplio valle entre el Dzo La y Shugden Gompa. Mientras seguía el riachuelo hacia abajo, sus aguas se veían reforzadas por las corrientes de los glaciares situados al sur. Pasé la noche en una cueva a 4.572 metros de altitud, cuya entrada ennegrecida por el humo demostraba que era un lugar de descanso habitual para los viajeros. Se llamaba Pugo. El valle tenía algunos matorrales entre los que había liebres y perdices, pero yo sufría demasiado de mal de altura como para interesarme mucho por ellos. Putamdu cazó dos liebres para comer. En el paso encontré un ejemplar de amapola azul, (*Meconopsis prattii*), un tipo de la espigada *M. horridula*.

Durante los primeros nueve kilómetros y medio, el camino a Shugden Gompa discurría por un valle abierto de unos cinco kilómetros de anchura, tras lo cual se adentraba en colinas bajas y finalmente alcanzaba el Ngagong Tso, un lago de siete u ocho kilómetros de longitud por kilómetro y medio de anchura, con un curioso lugar estrecho en medio sobre el que hay un puente descrito por A. K.; sobre el lago hay un prominente pico rocoso cónico.

Después de almorzar en la aldea de Yaka, subí al monasterio y me recibió un monje enfermo de bocio, que al principio me pareció una especie de sirviente, pero que más tarde descubrí que era el dzongpön y el abad del monasterio, todo en uno. Desde el monasterio pude ver el glaciar sobre el que viajó A. K. cuando visitó este lugar en 1884. Había estado en Rima y, al no poder llegar a India a través de las Colinas Mishmis, había viajado hacia el norte y, cruzando un paso, el Ata Gang La, había llegado a Shugden Gompa. Calculó su posición contando los pasos de su viaje; yo había calculado la mía por el tiempo. La latitud del lugar en el mapa de A. K. estaba seis kilómetros y medio al norte de la mía. Una medición que tomé para la latitud a partir de las estrellas estaba exactamente a mitad de camino entre su posición y la mía (29°28'7"N.). Él mismo no había podido tomar una medida para la latitud, ya que el mercurio de su horizonte artificial se había agotado debido a una filtración.

Me hallaba ahora en el borde mismo de la región en la que me había propuesto adentrarme. El río de Shugden Gompa fluye por un valle llamado en sus aguas superiores

Ngagong Chu y en las inferiores Parlung Tsangpo[94]. Éste se une al Tsangpo en algún lugar cerca de las cataratas, y yo esperaba que, a falta de otra cosa, si podía llegar al Tsangpo y obtener una medición del punto de ebullición para la altitud, sería de gran ayuda para mostrar la probabilidad de que existiesen grandes cataratas en el río. Hablé de esto con la gente, y me dijeron que los pobas, los habitantes del valle de Ngagong, eran muy salvajes y no estaban bajo ningún control, y que sería peligroso. Nadie de allí había ido nunca al país poba debido a la ferocidad de su gente.

Yo mismo fui allí dos años más tarde y encontré estos temores lejos de estar justificados. Sin embargo, en el momento de mi visita tal vez habían sido intimidados por los chinos, que habían entrado en el país y habían matado al rey y a los dirigentes y quemado el palacio real hasta los cimientos.

Al final, el dzongpön accedió a que viajara durante dos o tres días por el país bajo la jurisdicción de Shugden. Decidí hacerlo, con la esperanza de que cuando llegara al final de su jurisdicción tuviera algo de suerte y pudiera llegar más lejos. Hice todos los preparativos necesarios, incluida una copia de mi mapa, que pensaba dejar en Shugden por si algo le ocurría a mi mapa original en el territorio poba. Pasé un día en Shugden haciendo estos preparativos, y también visité el monasterio, que no era tan interesante como el de Sangngak Chödzong. A la mañana siguiente, 29 de junio, no llegó ningún transporte, y el dzongpön se negó en redondo a autorizarme a descender por el valle en dirección a Pome. Dijo que era seguro que me matarían allí y que acababan de llegar noticias de combates entre los pobas y los chinos, en los que estos últimos habían sido derrotados con una pérdida de quinientos hombres. No creí estas noticias, pero dos años más tarde, estando en Pome, comprobé que eran ciertas. Los pobas afirmaron que habían matado mil setecientos chinos en aquella ocasión. El dzongpön dijo que los chinos me matarían por ser un espía británico, y que los pobas me matarían porque pensarían que yo era una especie de chino o porque tenían la costumbre de matar a todos los extraños. En cualquier caso, yo perecería y la culpa de mi muerte recaería sobre él.

Los viajeros en Tíbet están acostumbrados a excusas similares. Sin embargo, toda esta charla había preocupado a mis dos sirvientes, que mostraron la mayor reticencia a ir. La rotunda negativa de transporte me puso en un gran aprieto. Había vendido mis propios ponis con pérdidas y no tenía dinero suficiente para comprar más. Había llegado hasta allí sin ninguna oposición, aunque sin permiso, y cualquier intento de utilizar la fuerza me habría colocado en una posición muy delicada frente a los chinos, los tibetanos y mi propio gobierno. Cuando vi que la persuasión era inútil, decidí regresar por donde había venido y llegar a India a través de Rima y las Colinas Mishmis. Es fácil imaginarse mi decepción habiendo estado tan cerca de mi objetivo.

El dzongpön se ofreció a facilitarme transporte para ir a Chamdo, a dieciséis días de viaje, si yo lo deseaba, y aunque eso hubiera sido muy interesante, no quería caer en manos de los chinos si podía evitarse. Le había dicho al señor Wilkinson, en Chengdu, que una yo vez me encontrara en el Tíbet no-ocupado no volvería bajo ningún concepto al territorio controlado por los chinos y que les podía decir que no serían responsables de mi seguridad. En cualquier caso, mi permiso se acercaba a su fin y, por todas estas razones, era necesario tomar un camino más directo hacia India.

La decisión de no permitirme ir hacia Pome sólo fue tomada o, en todo caso, me fue comunicada, en el mismo momento en que estaba listo para partir y esperaba el transporte. Me pasé la mañana discutiendo sobre esta resolución y no emprendí el regreso hasta las dos de la tarde.

CAPÍTULO XI

Por el Zayul Chu

La tarde del 29 de junio volví a la cueva de Pugo. Cogí muchas mariposas en Pugo y Shugden, entre ellas la *Coenonimpha sinica*, parecida a nuestra pequeña doncella, una pequeña mariposa marrón, *Oenis buddha*, algunas blancas veteadas, entre ellas la pequeña *Mesapia peloria*, una voladora muy débil que se coge fácilmente con la mano, y otra voladora fuerte, *Aporia martineti*. Varias amarillas nubladas, *Comas stoliczkana*, *C. montium*, la nueva *C. pugo* —llamada así por la cueva cerca de la cual fue capturada—, *C. fieldii*, y en el Dzo La, la *C. arida wanda*. También capturé algunas azules interesantes, *Lycaena lanty* y *Albulina pheretes*. Asimismo, coleccioné un ejemplar de zorzal risueño, *Babax kozlowi*.

Al salir de Shugden vi que los matorrales que rodean el pueblo de Warto[95] estaban repletos de liebres. Nunca había visto tantas en un mismo lugar. Cacé varias para comer. A poca distancia de Shugden me encontré con mi equipaje. Uno de los hombres a cargo estaba metido hasta el pecho en el agua del glaciar intentando salvar una caja que estaba siendo arrastrada río abajo. En la orilla, para mi consternación, había una caja de hojalata hermética que contenía pieles y especímenes de historia natural que se había estrellado contra las rocas. El hombre acababa de rescatarla del río, pero el contenido estaba empapado.

Me apresuré a ir a mi cueva y sequé las pieles lo mejor que pude. No había podido conseguir harina en Shugden, y por entonces comía, además de la carne que cazaba, comida tibetana, sobre todo *tsampa*. O sea, cebada molida después de tostarla al fuego. La mejor manera de tostarla es colocarla en un recipiente lleno de arena sobre el fuego. La arena caliente garantiza que se chamusque uniformemente, y los granos de cebada chamuscados pueden tamizarse de la arena. Se come haciendo una masa con agua o, mejor aún, con té. Yo llevaba una lata grande de galletas como ración de emergencia, pero al abrirla descubrí que en el naufragio en el Yangtsé había entrado agua y el contenido estaba mohoso y bastante incomestible.

Algunos años después, en la época de la revolución en Rusia, me vería obligado a comer alimentos aún más enmohecidos, y me hubiera alegrado de tener lo que ahora tiraba, pero esa es otra historia. Había reducido mis pertenencias al mínimo, y era irritante haber llevado una lata de más de tres kilogramos durante unos tres meses para nada. Mi equipaje consistía en siete cargas de culi para mí y dos sirvientes. Esto incluía ropa de cama, ropa de repuesto, utensilios de cocina, algunos instrumentos y libros de topografía, cama plegable de campamento y especímenes de historia natural recogidos. Cada carga que se pueda reducir supone una gran diferencia.

Por ejemplo, puede ser posible conseguir transporte para siete cargas fácil y rápidamente, mientras que la octava puede suponer un largo retraso en el envío de un hombre o animal de carga adicional.

Salí temprano de la cueva de Pugo para apresurarme a cruzar el puerto donde antes había tenido mal de altura. Esta vez no estaba enfermo.

Mi experiencia con el mal de altura es que se trata de un mal irregular e imprevisible. Lo experimenté por primera vez en el norte de Sikkim. En aquella ocasión, habíamos marchado a Gyagong, a una altitud de 5.105 metros, y salí a dar un paseo, subiendo un poco más, y me puse muy enfermo.

Al día siguiente cruzamos un paso, el Kongra La, de poco más de 5.180 metros, y volví a encontrarme muy mal. Descendimos a 4.572 metros de altitud y permanecimos varios meses en Kamba Dzong[96], donde jugamos al fútbol y al polo sin sentir ningún malestar. Sin embargo, a menudo, al llegar a altitudes de seiscientos a novecientos metros más altas, volvía a enfermar, pero no siempre. Entonces decidí volver al Kongra La para disparar a un argalí (*Ovis ammon*), y pasé dos miserables días en una cabaña, tan enfermo todo el tiempo que no podía ni salir. Como no sentía signos de aclimatación, regresé a Kamba Dzong. Al cabo de unas semanas volví a intentarlo y esta vez me sentí mejor. Permanecí varios días en la cabaña, subí a alturas de casi 5.800 metros, y disparé a un par de grandes corderos. En una visita posterior volví a encontrarme tan mal como siempre. No parecía haber ninguna razón ni explicación para ello.

En años posteriores, solía enfermar regularmente en Changu, Sikkim, a 3.840 metros de altitud. Es posible que aquí el fuerte olor de las hojas de rododendro se combine con la altura para alterar el equilibrio del organismo. Solía envidiar a los pasajeros que sólo estaban mareados, que al menos podían tumbarse... y se les podía dar comodidades; mientras que mi experiencia del mal de montaña era que había que esforzarse por subir más alto para cruzar algún paso antes de descender a niveles más cómodos. Siempre admiré a los montañeros que eran capaces de luchar contra este, para mí, terrible sufrimiento. Descubrí que el mejor remedio era beber grandes cantidades de té claro muy caliente, sin leche ni azúcar, picar galletas secas o tostadas y tomar aspirinas para el dolor de cabeza.

Al descender el puerto me encontré con el hombre que había estado en Darjeeling y del que me había hecho amigo unos días antes. Nos alegramos de vernos y pasamos juntos una agradable hora bebiendo *chang*, comiendo *tsampa* y maíz, que había sido recogido y triturado antes de que madurara y se endureciera, mientras discutíamos sobre los asuntos del mundo.

En Sangngak Chödzong me acogió toda la población, y en una ocasión mi pequeña habitación albergó a diecinueve monjes, a los que entretuve con mi telescopio y con fotografías. Esta gente no había visto nunca el caucho, y una cinta elástica les causaba una gran diversión e incluso emoción. Les di una foto del tashi lama como complemento de la del dalái lama que les había dado en mi viaje de subida. Entre mis fotografías reconocieron la de un monje oficial llamado Liushar, que había sido amigo mío en Gyantse. Me dijeron que los chinos lo habían llevado encadenado a Chamdo hacía dos meses, pues habían descubierto que había enviado dinero al dalái lama en India. Más tarde fue condenado por este delito.

No me había disfrazado en absoluto, pero no quería dar a conocer que había ocupado un cargo oficial en Tíbet. En Sangngak Chödzong, un hombre de aspecto pobre se me acercó y susurró: «Sé quién es usted». Le dije que no había ningún secreto sobre quién era. Entonces me dijo: «Usted es el sahib que trajo al tashi lama de regreso de India en el año de la serpiente» —1905, los años tibetanos llevan nombres de animales—. Fue entonces cuando el lama fue a reunirse con el rey Jorge V, entonces príncipe de Gales. «Sí, es cierto», respondí, «¿y quién es usted?».

«Soy un hombre de Shigatse. Estaba allí cuando regresaste con el tashi lama y te veía con frecuencia. Hace un par de años murió el lama encarnado de Sangngak Chödzong, y se creyó que mi hijo era la nueva encarnación. Mi esposa, el niño y yo fuimos traídos aquí con gran cuidado y ceremonia, pero justo antes de llegar a este lugar el niño murió. Esto fue un claro indicio de que el niño no era la verdadera encarnación, y ahora la gente me trata como a un impostor. No fui yo quien dijo que el niño era la encarnación, sino los lamas. El resultado es que he perdido a mi hijo, y mi mujer y yo estamos desamparados y sin dinero, a un mes de viaje de casa, y sólo vivimos de la mendicidad».

Era una historia triste, y le di un poco de dinero, pero yo mismo era pobre y no podía permitirme mucho.

Los monjes me despidieron con un obsequio de arroz hervido caliente y té, pero su organización del transporte dejaba mucho que desear, y a duras penas salimos con un poni y cinco hombres, yo a pie y las sillas de montar en una de las cargas.

Pasé la noche del 1 de julio en la aldea de Loma, a la cual llegué tras cruzar el río y desviarme un kilómetro y medio del camino. Mi anfitrión de la casa de Polu, en la que había pasado una noche en mi viaje de ascenso unos días antes, vino a verme y, para impresionar a los demás, se presentó como mi amigo más íntimo.

Todo tibetano lleva en el pliegue de su abrigo un cuenco de madera en el que bebe té y mezcla su *tsampa*. Los mejores están hechos con nudos de madera de arce. El valor del cuenco varía según la veta del nudo. A veces se pagan precios ridículamente altos. Los buenos suelen estar forrados de plata u oro. Loma es un lugar famoso por la fabricación de estos cuencos, y yo compré uno. Aquí la gente regatea de una curiosa manera que he visto emplear en Turquestán, sobre todo en la compra de caballos. Los dos regateadores se toman de la mano por debajo de sus largas mangas y, agarrándose los dedos, se hacen ofertas. De vez en cuando, uno de ellos retira frenéticamente la mano con jaculatorias de disgusto por la mezquindad de la oferta hecha. Las mangas largas impiden a los espectadores interesados saber qué ofertas se hacen.

Encontré patatas creciendo en Loma, pero eran demasiado pequeñas para comer. No había visto ninguna desde que salí de Batang. Desde Batang me había acompañado un perro de caza francés. No sé de qué raza se trata, pero tienen la forma de un perro perdiguero y son de color negro y fuego. Suelen llamarse *pouf* o *pan*, ¡o algún sonido explosivo! Desconocía la historia del perro, salvo que el señor Muir se lo había regalado al oficial militar chino de Batang y se había escapado, uniéndose a nuestra caravana el día que salimos de allí. Teníamos la intención de que Edgar lo llevara de vuelta desde Menkhung y lo devolviera al oficial militar de Batang, pero no pudimos encontrarlo cuando Edgar y yo nos separamos en Menkhung. Como era una criatura independiente, había decidido salir temprano por el camino que de alguna manera sabía que yo iba a tomar, y lo alcancé unas horas más tarde por la mañana; me alegré de tenerlo como compañero. Se distinguió por capturar una gran marmota en el Dzo La. Fue más por suerte que por habilidad. Iba pisándole los talones a mi poni cuando, trotando por una esquina rocosa, saqué a una marmota de su agujero. La criatura, aterrorizada, corrió por el camino bajo los talones de mi poni para encontrarse en las fauces de mi fiel compañero. Los monjes de Sangngak Chödzong querían comprarlo, pero yo me negué a venderlo, pues tenía intención de entregárselo al oficial chino de Zayul con la esperanza de que se lo devolviera a su amo. Al volver a cruzar el puente en Loma, el perro tomó el camino de regreso a Sangngak Chödzong, se negó a volver cuando lo llamaron y nunca lo volví a ver. Creo que todos le echamos de menos. Quizá se reunió con sus potenciales propietarios en Sangngak Chödzong.

Fui hasta las cabañas de Giada solamente porque quería secar bien todas las pieles que había recogido e intentar salvarlas de la inmersión en el río. Tuve éxito y el retraso del día mereció la pena. Quería compensar en lo posible este corto día con una larga marcha hasta Zayul, así que empecé temprano para asegurarme de que no había retrasos en el cambio de *ula* en Drowa Gompa. La gente se alegró mucho de verme. Le había dado a un monje un poco de calomelano[97] para un dolor de espalda —quizá no fuera la mejor medicina para esta dolencia, pero era de la que tenía más que de sobra— y fue tan exitoso que mi reputación como médico pasó a ser muy alta. Esto se reflejaba en el número de pacientes.

Continué por la orilla oriental del Zayul Chu hasta Zayul. El camino era pedregoso y atravesaba colinas poco arboladas con algunos campos. Los árboles eran en su mayoría pinos en los que había numerosos loros y ruidosas cigarras. En el camino pasé por unas jaulas de madera en las que se habían expuesto las cabezas de criminales y, aunque las habían retirado, aún quedaban horripilantes huellas. La intención china detrás de esto parece ser más la prevención que el castigo. Si se ha cometido un robo en un lugar determinado, ese lugar debe ser necesariamente un lugar adecuado para un robo. Si se cuelga allí una advertencia en forma de cabeza en una jaula, el ladrón la verá y probablemente desistirá. Hay que intentar conseguir la cabeza del verdadero delincuente, pero si no es posible, otra cabeza es mejor que ninguna. Esta misma idea estaba en la base de la sugerencia china de clavar una mano en cualquier poste de telégrafo donde se hubiera cortado el cable, que he mencionado antes.

Llegué de repente a la aldea de Zayul, donde unos doscientos soldados chinos vivían en chozas alrededor de las cuales habían plantado pequeños huertos y cultivaban maíz. Cuando llegué, oí a los soldados chinos gritar los números de un juego al que juegan con los dedos. He jugado a menudo en cenas chinas. Los dos jugadores sacan una mano con los dedos estirados y dicen un número. Si yo digo seis y saco dos dedos y mi adversario saca cuatro, he acertado el total y he ganado. La penalización habitual es hacer beber al perdedor. Me asomé a la sala de guardia, donde ocho soldados estaban cenando. Uno de ellos me había visto en Batang y se mostraron muy amables y me invitaron a unirme a ellos en su comida. Esperé unos minutos con ellos hasta que mi sirviente, que tenía un poni en mal estado, llegó con mis tarjetas de visita chinas. Envié una al oficial chino, natural de Shandong, que me pidió que le visitara inmediatamente. Lo encontré cómodamente alojado. Fue muy agradable e incluso abrió una botella de champán en mi honor. Temía que tuviera órdenes de hacerme volver y tenía un par de pesadas espadas de ejecución de aspecto ominoso colgadas de la pared. Nuestra conversación se desarrolló a través de un soldado que hablaba muy mal tibetano. Me alegré de que lo hablara mal, porque me sirvió de excusa para evitar preguntas incómodas sobre mapas, pasaportes, etcétera. Le prometí que le enseñaría mi pasaporte cuando llegara mi equipaje. Me alojaron en casa de un capitán que estaba en Rima. El oficial me devolvió la visita y me encontró secando pieles de ave al sol. Le enseñé mi pasaporte, que sólo servía para Sichuan y Yunnan, pero para mi sorpresa pareció muy satisfecho. Más tarde descubrí la razón. ¡Apenas sabía leer! No quiso que lo supiera y sólo fingió leer el pasaporte. Me preguntó si había hecho un mapa; le dije que sí y le enseñé la copia. Había tenido la precaución de esconder el original en el relleno de mi montura por si me confiscaba el mapa, pero sólo mostró un leve interés. Me preguntó si había oído algún detalle sobre los combates en Pome, de los que había oído rumores. Le conté lo que había oído en Shugden. Le regalé un pequeño libro de bolsillo, lo único que tenía, y recibí a cambio un valioso regalo de velas.

Estas tropas no tenían médico y yo tuve que atender a unos veinte pacientes. Uno de ellos era un hombre que se había congelado en invierno y no había recibido tratamiento. La gente de esta zona cree que todos los europeos son médicos. Durante todo el viaje me dediqué en gran medida a la medicina, siguiendo las instrucciones de los consejos médicos del *Hints to Travellers*. Las principales medicinas que utilicé fueron permanganato de potasa para las heridas —que era ciertamente más eficaz que la pimienta roja cruda que usaban mis culis en China—, quinina, calomelano y sal de frutas «Eno», que la gente llamaba la «medicina hirviente». Me disgustaba volver sobre mis pasos en caso de algún fallo, pero la única vez que tuve que hacerlo me encontré con que mi reputación había mejorado a través de curas maravillosas.

La gente está acostumbrada a acudir a los lamas, que curan sobre todo con magia; pensé que un cambio demasiado rápido de este sistema podría no dar confianza, así que me temo que yo mismo hice mis pinitos con la magia. Mi quinina se presentaba en tres formas: píldoras blancas recubiertas de azúcar de cinco puntos, píldoras rosas sin recubrir de cinco puntos y píldoras de dos puntos. Solía pedir a algún escriba del pueblo que escribiera las instrucciones, que eran muy complicadas. «Esta noche, exactamente al anochecer, toma dos píldoras pequeñas, una blanca grande y una rosa —es decir, diez granos de quinina y dos de calomelano—. Mañana, una hora antes de la puesta del sol, toma dos pequeñas blancas —cuatro granos de quinina—. Pasado mañana, una hora después de la puesta del sol, dos rosas, etcétera. Si se equivoca en la dosis o en la hora, no me hago responsable de las consecuencias».

El resultado neto fue diez puntos de quinina al día durante unos diez días y una dosis ocasional de calomelano. Luego, en la mañana de mi partida, solía dar una pequeña dosis de la «medicina hirviente» a varios de los peores casos y les indicaba que era muy poderosa y valiosa y que no me sobraba ninguna para dejarles. Estas instrucciones detalladas me daban la oportunidad de salir airoso de un fracaso. Había muchos errores que el propio paciente podía haber cometido. Otra cosa que solía decir era que normalmente se tardaba tantos días en curar una enfermedad como la enfermedad había estado ocurriendo. Así, si un hombre decía que había estado enfermo veinte años, yo le decía que no podía garantizar una curación en ese plazo y que realmente no podía esperar. Si sólo hubiera estado enfermo un día o unas horas, probablemente podría curarle. —En aquella época no conocía las maravillosas propiedades del azul de metileno[98] para eliminar los diablos verdes—. También tuve que explicarle que tomando una dosis doble de medicamento, la enfermedad no podría curarse en la mitad de tiempo.

En diferentes lugares del camino había oído hablar de un misterioso «Hombre Azul» que estaba con los soldados chinos en Zayul. No pude sacar nada en claro de este mito, pero por fin me encontré cara a cara con él.

Era un bengalí de Calcuta y su tez casi negra fue lo que impresionó a los tibetanos y a los chinos, y lo que dio lugar a las extensas historias del «Hombre Azul» que yo había oído. Hablaba un poco de bengalí y un poco de tibetano, pero me temo que sus sufrimientos le habían trastornado la mente. Por lo que pude deducir, era un culi en una plantación de té cerca de las Colinas Mishmis y hacía unos veinte años —no sabía contar, pero enseñó las dos manos dos veces— fue capturado por los mishmis, que lo mantuvieron como esclavo y finalmente lo vendieron a los tibetanos en Rima. Con la llegada de los chinos fue liberado junto con los esclavos de nacionalidad tibetana, pero como no podía regresar a su hogar, se alistó como soldado chino. Me mostró algunas cicatrices en el estómago causadas, según dijo, por flechas de los mishmis. Le ofrecí llevarle conmigo a Calcuta y al principio dijo que iría si le daba mucho *backsheesh*[99] —una de las pocas palabras hindostaníes que recordaba—. Más tarde dijo que nada le persuadiría de volver a encontrarse entre los mishmis, ni siquiera bajo mi protección. Mi propia posición entre los mishmis sería, pensé, tan precaria que no quería llevarle a menos que él mismo me presionara para que lo hiciera.

Los mishmis no sólo asaltaban las plantaciones de té en busca de esclavos; también capturaban esclavos de los pueblos tibetanos cercanos a su frontera. Dichos esclavos eran vendidos a otros sectores de la tribu más alejados de sus hogares, por lo que la huida era casi imposible. Algunos años más tarde, pude ayudar a varios esclavos fugitivos a regresar a sus hogares en Tíbet. Un pequeño grupo había protagonizado una fuga de lo más dramática, cruzando finalmente un río frente a una de las empalizadas ocupadas por nuestra policía militar en la frontera de Assam. Cuando el bote cruzó el río, los dueños de los esclavos llegaron a la orilla y dispararon una andanada de flechas envenenadas contra el bote, matando a uno de los esclavos. Los demás fueron recibidos por nuestra policía militar y finalmente regresaron a sus hogares a través de Sikkim y Lhasa.

El 4 de julio, después de hacer una visita de despedida al oficial chino, salí escoltado por dos soldados. Cuando me iba, unos soldados chinos me trajeron unas mariposas muy mutiladas.

Ahora me encontraba a una altitud de dos mil cuatrocientos metros, en una región donde había mariposas conocidas en el nordeste de India, aunque persistían algunas formas tibetanas que no habían penetrado hasta el nivel inferior de Assam —*Everesion*, una pequeña azul; *Argynnis adippe*, nuestra fritillaria parda, y dos saltarinas, *Carterocephalus dieckmanni* y *Lobocla simplex*. La nueva *Erebia baileyi* era llamativa y abundante—.

La guarnición china de Zayul era especialmente amistosa, y me enteré con pena de que en la época de la revolución, unos meses más tarde, los tibetanos se sublevaron, los capturaron y los arrojaron a todos al río. Presumiblemente, el «Hombre Azul» perecería al mismo tiempo.

El camino descendía por la ribera oriental del río, entre altos pinos y césped bajo los pies, durante unos ocho kilómetros, cuando un puente de madera, junto a la aldea de Dablha[100], lo conducía a la orilla oeste para evitar un hermoso precipicio que, según calculé, tenía más de trescientos metros de altura, y aunque no era escarpado, era tan empinado que muy poco podía crecer en él. Llegué a la aldea de Tsachung[101], en la orilla este, después del mediodía. El camino atravesaba a menudo un bosque de altos pinos con helechos bajo los pies. Los loros anidaban en los pinos y, junto con las cigarras, eran, como de costumbre, muy ruidosos. Donde el camino cruzaba un riachuelo afluente, la vegetación era tan espesa que casi oscurecía, mientras que en los últimos ochocientos metros hacia Tsachung la senda atravesaba una espesa jungla. Todo este verdor era sorprendente para alguien que venía de las desnudas tierras altas tibetanas. El calor era agobiante. Cuando tomé mi temperatura de ebullición en Tsachung, a las cinco de la tarde, la temperatura del aire era de 30 °C. La altitud era de 2.039 metros. Los árboles del pueblo daban peras y albaricoques aún verdes, y en el camino encontré algunas frambuesas amarillas silvestres bastante comestibles. Mi camino de Drowa Gompa a Rima había sido inspeccionado por A. K. (Krishna) en 1882, así que pude descansar de la tensión de anotar detalles de la zona y ponerlos en el mapa, y pude dedicar más tiempo a coleccionar historia natural y a otras cosas.

Al día siguiente viajé a Rima, y el camino empeoraba a medida que descendía. En algunos lugares se habían fijado palos horizontalmente en las laderas rocosas para dar un punto de apoyo a los ponis. Poco antes de llegar a Rima, el gran valle del Kangri Karpo Chu[102] entraba por la orilla occidental y el valle se abría a tres o cinco kilómetros de ancho, y las colinas eran menos escarpadas. Aquí está la aldea de Shika, donde encontré una pequeña guarnición de soldados chinos. A. K. viajó de Rima a Shugden por el valle del Kangri Karpo Chu y sobre el Ata Gang La. Por la tarde llegué a la miserable aldea de Rima. En los mapas este lugar siempre ha aparecido como un lugar notable. Un distinguido geógrafo la describió como la «ciudad principal del distrito», y recientemente, en enero de 1911, un viajero francés la describió como «la residencia del gobernador de la provincia». Poco después de mi llegada oí un terrible estruendo y vi que una de las casas de madera se había derrumbado. Como es natural, me alarmé pensando que alguien podía estar gravemente herido, pero de entre el polvo y las ruinas surgió una anciana que comentó despreocupadamente que se trataba de una «casa podrida».

Aquí vi a mis primeros mishmis, tres hombres apagados y taciturnos, con muy poca ropa y que llevaban collares de dientes de perro, con el pelo largo recogido en un moño sobre la cabeza. Cada uno llevaba una bolsa de piel de oso en la que guardaba el tabaco mezclado con otras cosas. Fumaban en pipa todo el tiempo y se dignaron a aceptar unos cigarrillos que me había dado el oficial chino de Zayul.

Aquí emergió el asunto del rabo. Los chinos de Pekín me dijeron que todos los *mantze* tenían cola. «Mantze» es una palabra despectiva para referirse a los tibetanos y otros «bárbaros» que viven en la frontera occidental de China. Cuando me encontré entre tibetanos en Kangding, los chinos me confesaron que los tibetanos no tenían cola, pero que los que la tenían eran salvajes que vivían más al oeste. De este modo, la gente con cola siempre me eludían. Siempre estaban en algún lugar más lejos; pero ahora me estaba acercando. Los que tenían cola eran los mishmis, que vivían bastante cerca; pero era cada vez más corta. En lugar de ser rizada y lujosa, ahora parecía ser un muñón corto de unos cinco centímetros de largo y muy incómodo para sentarse.

De hecho, siempre se podía saber dónde había descansado un grupo de mishmis, ya que se veían obligados a hacer agujeros en el suelo con palos para meter la cola. Esto me dio una pista de toda la historia. La gente que transporta cargas en las colinas a la espalda lleva también un palo en forma de te en el que apoyar la carga durante unos momentos y descargar el peso de la espalda del porteador. En el camino asfaltado por el que los culis del té viajaban de Ya'an a Tachienlu, incluso las piedras estaban agujereadas en algunos lugares con marcas de estos palos, una elocuente indicación del tiempo durante el cual el té había sido transportado de esta manera.

Los dos soldados chinos que me habían escoltado desde Zayul tenían abundante información sobre las colas y cuando vimos a estos tres mishmis en Rima los señalaron y dijeron: «Esa es la gente con cola, pero se avergüenzan mucho de ella y siempre la llevan tapada». No, estos mishmis no iban demasiado vestidos, pero era un hecho que llevaban chaquetas cortas que ocultaban una cola de siete centímetros y medio, y esto era una prueba concluyente para mis dos soldados chinos.

Me detuve un día en Rima. Desde aquí debía viajar por una región bastante intransitable para los animales. También preveía dificultades con los mishmis y estaba bastante preparado para encontrarme con la imposibilidad de viajar entre ellos, en cuyo caso tendría que regresar e intentar encontrar el camino a India a través de Birmania. Para reducir mis dificultades, aminoré drásticamente mi ya pequeño equipaje.

Las temperaturas tomadas en Rima, en la veranda de una casa, el 6 de junio[103], fueron de una máxima de 32 °C y una mínima de 21 °C. La altitud, como media de dos observaciones hipsométricas, fue de 1.475 metros. Las observaciones de A. K. mostraron 1.417 metros. Ya no volvería a grandes altitudes y ahora podía minimizar mi ropa de invierno; así que me deshice de todas las cosas de repuesto y limité al mínimo mi ropa de cama. Encontré un pequeño oficial chino aquí e intercambiamos tarjetas de visita, y a través de él envié de vuelta mi silla de montar como regalo al oficial chino en Zayul. Le gustaba mucho y me había pedido que se la vendiera.

Vi a un médico tibetano curar a un hombre. El hombre tenía un fuerte hematoma en la pierna. El médico lo cortó con un cuchillo y, cogiendo un cuerno con un agujero en el extremo fino, masticó unas virutas de cuero, presionó el cuerno sobre el hematoma, aspiró el aire y tapó el agujero con las virutas de cuero, colocándolas allí con la lengua. Así extrajo una buena cantidad de sangre y repitió la operación tres o cuatro veces.

En Rima se cultivaba arroz, maíz, trigo sarraceno y guisantes. Abundaban los albaricoques y un día vi nueces sin madurar en Kaho[104], valle abajo. La gente me dijo que había caído un poco de nieve. Había algunos mosquitos y monté un mosquitero que había comprado en Chengdu. Atrapé varias mariposas de géneros tropicales, incluida una nueva especie, *Rapala catena*.

Salí de Rima el 7 de julio, después de entregar al jefe mi última foto del dalái lama. Nada más empezar me di cuenta del tipo de viaje que me esperaba, pues tuve que cruzar una corriente por una sola cuerda, utilizando no una silla de montar como al cruzar el Mekong y el Salween, sino una argolla de caña como la descrita en la página 218 y teniendo que tirar de mí mismo para cruzarla. Fue un arduo trabajo, ya que el puente tenía la misma altura en ambas orillas y había que tirar de uno mismo desde la comba del centro. No se produjo la aterradora caída, a toda velocidad por el aire, que había experimentado en los puentes más grandes de China. Los tibetanos del lugar no le daban importancia y un hombre cruzó fumando en pipa, mientras las mujeres se colgaban con bebés atados a la espalda. El camino también era atroz en otros aspectos, y en algunos lugares tuvimos que sortear precipicios trepando por troncos casi perpendiculares en los que se habían hecho muescas para hacer pie, mientras una enredadera atada a una raíz servía de precario pasamanos.

En Rima había preguntado por el takín, un animal que ansiaba encontrar, sobre todo después de mi decepción al sur de Kangding. Me mostraron la piel de un animal cazado pocos días antes y me dijeron que seguramente los encontraría en el valle del Di Chu, cerca de Kaho, a un día de marcha de Rima, y me llevé conmigo desde Rima a un hombre que prometió mostrarme los animales. Este hombre, Koko, me animó diciéndome que si no me mostraba un takín no esperaba que le pagara nada. Pasé la noche en la aldea de Kaho. Aquí compré un cerdo para mi grupo. La gente no pudo atraparlo, así que le dispararon.

Bajando desde Rima hasta la frontera del territorio mishmi los habitantes son diferentes a los tibetanos ordinarios. Llevan el pelo corto. A diferencia de los tibetanos de Rima, que son grandes consumidores de rapé, esta gente fuman tabaco en pipas de bambú, al igual que sus vecinos menos civilizados, los mishmis. Sacrificaron un ave de corral para que nos diera suerte en nuestra búsqueda del takín, algo muy poco budista. Tanto por sus costumbres como por su localización, están a medio camino entre los mishmis y los tibetanos[105]. He visto gente parecida en las aldeas tibetanas más bajas en la cuenca del Subansiri, donde los habitantes se parecen a los daflas[106] en aspecto y modales.

Los mosquitos y una pequeña mosca llamada en Assam *damdim* eran muy molestos para sus piernas desnudas y la gente se agitaba continuamente con sus mangas largas como si fuera una caballada o ganado agitando la cola.

CAPÍTULO XII

El takín

HABÍA decidido ahora ir desde Kaho hasta el Di Chu en busca del takín. Me dijeron que el camino por el Di Chu era muy malo y que no podría subirlo con botas. A las personas que habitualmente van descalzas, una bota les parece un artilugio torpe. Una vez, algunos años más tarde, propuse llevar a algunos mishmis a la nieve y les di botas. Dijeron que no podían llevarlas sin algo de práctica, así que se las pusieron y se pusieron a caminar, para diversión de sus compañeros. Al final, prefirieron cargar con ellas antes que arriesgarse a caerse con algo tan terriblemente incómodo.

Dejando atrás la mayor parte de mi equipaje, salí de Kaho el 8 de julio. Empecé a subir por la ladera, pasando por una meseta cubierta de hierba y salpicada de pinos. Desde esta meseta tenía vistas despejadas tanto hacia arriba como hacia abajo del valle del Lohit. Aquí me detuve a descansar y aproveché para probar mi rifle. Estoy convencido de que antes de intentar abatir caza mayor, especialmente en montaña, es esencial probar el rifle en la zona en la que se va a utilizar. Un rifle dispara de forma diferente a distintas altitudes sobre el nivel del mar debido a la alteración en la densidad del aire a través del cual la bala tiene que pasar. También puede haber otras razones, y no puedes permitirte fallar un tiro que puede haberte costado muchas semanas o meses de duro trabajo y mucho dinero. La primera vez que practiqué la caza de forma considerable fue con la Misión Younghusband en Kamba Dzong, Tíbet, en 1933; donde casi a diario disparaba a gacelas, barales u *Ovis ammon* y llegué a tener bastante confianza en mi puntería, sin disparar nunca a más de 118 metros. Después de la expedición regresé a India y me quedé horrorizado cuando fallé un tiro fácil a un antílope negro. Sabía que debería haber probado mi rifle en la baja elevación de las llanuras de India. Nunca había disparado tanto con el rifle a animales de caza como lo había hecho durante los primeros días de la Misión Younghusband, y posteriormente en la Expedición Gartok, una expedición enviada desde Lhasa a Gartok en el Tíbet occidental, terminando en Shimla. En ambas ocasiones, nuestro alimento dependía en gran medida de nuestros fusiles. Algún tiempo después pasé tres años en Tíbet y practiqué mucho el tiro, pero nunca tuve tanto éxito ni tanta confianza como antes. Me di cuenta de que «la práctica hace al maestro». No disparaba mi rifle con la frecuencia suficiente para asegurarme la certeza de los disparos ocasionales que hacía. Para remediarlo, disparé muchas veces a gansos y liebres, y así conseguí mantener la práctica.

Koko, mi ayudante shikari[107], era el orgulloso poseedor de un mosquete; entre la gente que suele cazar con flechas envenenadas, esto se consideraba lo último en armas. Aunque yo no estaba satisfecho con mi puntería, la precisión de un rifle moderno le sorprendió, y él y mis culis se alegraron mucho ante la perspectiva de conseguir carne, mientras que yo me alegré de verlos tan seguros de que yo por fin cazaría un takín.

El camino pronto se volvió atroz. Tuvimos que pasar por varios pedregales en los que un resbalón habría supuesto un grave accidente en un lugar tan apartado; más tarde nos adentramos en un espeso bosque y tuvimos que trepar por rocas cubiertas de musgo a través de densos y goteantes árboles de hoja perenne, pues la lluvia empezó a caer y continuó sin interrupción hasta que regresé a Kaho cinco días después. Con frecuencia encontrábamos un enorme árbol caído que nos bloqueaba el paso, por encima del cual unas toscas escaleras de troncos con muescas conducían al camino. Cuando estos árboles caídos se encontraban en la dirección de nuestro camino, al caminar unos metros a lo largo de sus troncos resbaladizos, suponían un bienvenido alivio de los continuos tropiezos a lo largo de la ruta. En uno de esos troncos sufrí una grave caída que me rompió el cristal del único reloj que me quedaba en el bolsillo. Pocos días después perdí la brújula, lo que puso fin a mi trabajo de topografía, pero por suerte ocurrió después de llegar a un terreno que debía ser topografiado unos meses más tarde.

Koko celebró algunos ritos destinados a propiciar a los espíritus locales. Consistían principalmente en largos y monótonos murmullos y terminaban cortando la cabeza de una gallina. Pernoctamos en una cueva que mejoramos añadiendo un cobertizo de ramas y una sábana impermeable, y así pasamos una noche bastante seca.

Al amanecer partimos de nuevo, y encontramos tanto el camino como el tiempo peor que antes; en varios lugares nos vimos obligados a vadear el agua helada del río donde bordeaba el pie de un precipicio.

En el río vi un curioso animal, una musaraña de agua (*Nectogale*). No es la misma que nuestra musaraña de agua británica (*Neomys*), aunque sus hábitos y aspecto son algo parecidos. Nunca había visto una viva, pero había recogido algunas pieles en distintas ocasiones. El animal tenía el tamaño de una rata pequeña y se arrastraba sobre las piedras bajo el agua en una corriente rápida. En Tíbet, la piel seca se utiliza en cirugía veterinaria. ¡La nariz de piel seca se frota suavemente sobre las hinchazones de los ponis para reducirlas! Este es uno de los pocos casos en los que el remedio tibetano no sirve de nada.

En Inglaterra, las musarañas solían tener mala reputación. Gilbert White decía que si una musaraña arrollaba a un animal, este era susceptible de perder una extremidad.

En un lugar tuvimos que cruzar un montón de nieve vieja acumulada y el río fluía bajo un puente de nieve en el que había grandes árboles incrustados. Esto, en pleno verano y a una altitud de menos de tres mil metros, daba una idea del inmenso tamaño de la avalancha que había caído en primavera y que no se había derretido a principios de julio.

Una vez, mis culis encontraron una colmena de abejas y obtuvieron un poco de miel aguada a costa de algunas picaduras graves. En el sudeste de Tíbet en general, y quizá también en otras partes del país, la gente dice que hay dos clases de miel: la de roca y la de árbol o madera. Dicen que la miel de roca es venenosa si no se cocina. Esta miel se mezcla con un poco de *tsampa* —harina de cebada tostada—, para darle sustancia y solidez, y cocida forma una deliciosa especie de caramelo que, además de comerse como dulce, era muy útil, en ausencia de azúcar, para endulzar los alimentos.

En su libro *Himalayan Journals*, sir Joseph Hooker se refiere a «precipicios de gneis bajo cuyos salientes las abejas silvestres construyen colmenas colgantes que parecen enormes murciélagos suspendidos por sus alas. La miel es muy buscada, excepto en primavera, cuando se dice que está envenenada por las flores del rododendro, igual que la que comieron los soldados en la "retirada" de los Diez Mil lo estaba por las flores del *R. ponticum*».

Esto, por supuesto, no explica que la miel de roca sea venenosa, mientras que la miel de árbol no lo es; pero puede ser que la miel de roca, que es la única miel que sir Joseph menciona, fuera de hecho de flores de rododendro. Kingdon-Ward tuvo una experiencia similar, y su compañero, lord Cranbrook, entró en trance cuando tomó un poco de miel venenosa.

Por la tarde, el shikari y yo nos pusimos en marcha, dejando que los culis nos siguieran más despacio, y hacia las tres llegamos a un claro donde había algunas cabañas toscas, alrededor de las cuales había muchas señales de los animales de caza que habíamos venido a buscar. En el exterior había cráneos con curiosos cuernos curvados, mientras que dentro, sobre las cenizas de una hoguera, se secaban pieles y tiras de carne que mi shikari se comió crudas en ese momento. Me dijeron que a esa hora los animales estarían tumbados en la espesura del bosque, así que esperamos un poco y luego salimos y caminamos río arriba hasta el lugar donde esperábamos encontrar a los takines. Después de recorrer unos cien metros, el shikari se dirigió a la orilla del río, se subió a un árbol que sobresalía del agua y dijo que veía dos takines. Yo estaba ansioso por ver por primera vez a estos animales y me subí al árbol tras él.

A unos trescientos metros río arriba y en la orilla opuesta, vi en un claro sembrado de cantos rodados, entre el bosque y el río, dos bestias de aspecto extraño y color gris pardo claro, del tamaño de un bovino pequeño, que se alimentaban de sauces jóvenes. Lo que había visto me hizo desear acercarme lo antes posible, así que volvimos a subir a la orilla del río y, dando una amplia vuelta y pasando por un hermoso claro, lleno de hierba hasta las rodillas, en el que vimos muchas huellas de nuestro objetivo, nos acercamos al río, frente al lugar en el que habíamos visto a los dos animales.

El viento, como ocurre a menudo en estos valles donde «los desconcertantes remolinos de montaña se entrecortan y cambian», era incierto, aunque apenas perceptible. Atisbando a través del bosque, divisamos por fin a los dos animales que seguían en el claro sembrado de rocas, y justo los estaba examinando con mis prismáticos cuando nos sorprendieron y levantaron la cabeza en nuestra dirección, como hacen todos los animales de caza. Lo siguiente de lo que me di cuenta fue de una masa marrón que se precipitaba hacia el bosque. Debajo de los dos takines que habíamos visto por primera vez, una manada de al menos dos centenares de ejemplares había permanecido en los alrededores de una fuente termal sin que los viéramos y, al alarmarse, se habían adentrado en el bosque. Creyendo que tal vez no regresarían, me sentí medio inclinado a disparar, instado a hacerlo por Koko, y entre aquella muchedumbre debería acertar a algo, pero decidí que la oportunidad no era buena, pues deseaba asegurarme un buen par de cuernos cuando disparara. Aun así, contemplé con cierto recelo cómo el espeso bosque de rododendros engullía a los últimos miembros de la manada y distinguí sus formas moviéndose bajo el espeso pinar más arriba en la ladera.

En este breve vistazo me había sorprendido su gran variedad de colores, que iban desde un tono amarillento oscuro hasta un gris parduzco muy oscuro. Koko opinaba que no volverían al manantial aquella noche, pero que yo podría encontrarlos allí a la mañana siguiente; sin embargo, decidí quedarme vigilando por si acaso regresaban, y nos escondimos detrás de un árbol caído. Después de esperar media hora pudimos distinguir un movimiento en el bosque de pinos detrás de la cortina de rododendros, y en ese momento un bóvido takín salió cautelosamente a través de los arbustos a campo abierto; se paró y olfateó con recelo, pero, al tranquilizarse, siguió adelante; fue seguido por otros, cada uno moviéndose muy lenta y cautelosamente. A unos cuarenta metros de la linde del bosque estaba la fuente termal, que emitía un fuerte olor a azufre. Cuando el animal que iba en cabeza llegó al manantial, se metió en él hasta las rodillas y bebió del agua. Le siguieron rápidamente otros, y en su afán por alcanzar el agua caliente, los que le seguían más tarde salieron del bosque y se pusieron a galopar torpemente, hasta que en poco tiempo la fuente estaba completamente rodeada por una densa multitud de takines, de modo que era difícil seleccionar una buena cabeza a la que disparar. Pronto tres o cuatro abandonaron el manantial y se acercaron a beber a unos pequeños chorros de agua caliente que estaban más cerca del río. Entre ellos elegí uno que me pareció bueno, y disparé, momento en el que toda la manada se internó en la selva y desapareció. Fue maravilloso ver lo rápido que los animales, de aspecto tan torpe, conseguían llegar a cubierto. El que yo había disparado no mostraba señales de haber sido alcanzado, y no creí que mereciera la pena seguirlo a través de la espesura del bosque a esas horas de la anochecida. Koko me aconsejó entonces que abandonara el lugar y regresara a nuestra cabaña, diciendo que los takines no regresarían esa noche, pero que podrían volver a la mañana siguiente. No obstante, esperé y al poco rato volvió a ocurrir lo mismo: primero apareció vacilante una vieja hembra, luego unas cuantas más, hasta que finalmente toda la manada estaba de pie dentro y alrededor del agua caliente. Estaba demasiado oscuro para arriesgarme a disparar, aunque me quedé observándolos hasta que cayó la noche, cuando regresamos a nuestra cabaña, y yo, lleno de decepción por no haber abatido a ninguno.

Nos secamos alrededor del fuego del campamento, después de haber impermeabilizado la cabaña colocando algunas pieles de takín en el techo, mientras Koko me contaba aventuras y me enseñaba las cicatrices causadas por un leopardo que le había mutilado. Era cazador profesional y vendía las pieles y la carne de los animales que abatía, pero su principal fuente de ingresos era el almizcle de los ciervos almizcleros. Los había cazado hasta los confines de la región salvaje del Po[108], cuyos habitantes, según me dijo, acostumbraban a saludar a cualquier forastero que encontraban abalanzándose sobre él con la espada desenvainada, antes incluso de intentar averiguar a qué se dedicaba. Más tarde pasé algún tiempo entre los pobas, que no hacían honor a su siniestra reputación.

También me habló de las curiosas costumbres matrimoniales de su pueblo. El novio va a casa de la novia con algunos de sus amigos. Allí tienen una pelea simulada con los parientes de la novia, después de la cual se hacen amigos y beben *chang* en cantidad, y así se forma el matrimonio.

A pesar de algunas mejoras que conseguimos hacer a nuestra cabaña, tenía goteras y una noche lluviosa nos empapó. No había podido secarme bien de la lluvia del día anterior y del viaje por el lecho del río. No conozco nada tan desagradable como vestirse por la mañana con la ropa mojada. Sin embargo, había que hacerlo y nos pusimos en marcha antes de que amaneciera. En la penumbra podíamos ver varios takines que ramoneaban los sauces cerca del agua, pero estaba demasiado oscuro como para distinguirlos claramente, y pensamos que lo mejor era llegar al lado opuesto, a la fuente termal, donde esperábamos que encontraríamos a la mayoría de la manada. Una vez allí, esperamos hasta que hubo luz suficiente para ver con claridad. Cuando la luz se hizo más clara, descubrí algunos takines más en la orilla del río, a unos noventa metros río arriba: y como parecían ser más grandes que los que habíamos visto antes, salimos cautelosamente de nuestro escondite y adentrándonos en el espeso bosque avanzamos ascendiendo el río hasta llegar frente a ellos, y entonces nos arrastramos de nuevo hacia el río. Habiendo decidido que eran lo bastante grandes como para dispararles, disparé a uno y oí cómo la bala le alcanzaba. En lugar de adentrarse en el bosque con el resto, se zambulló en el río que fluía entre nosotros, y se quedó inmóvil en el agua corriente, a unos treinta metros de nosotros, cuando otro disparo lo derribó, y fue arrastrado por la fuerte corriente hasta toparse con una isla pedregosa. Koko me había dicho que los animales no se alarmarían seriamente, a menos que camináramos cerca de la fuente, en la orilla opuesta; si lo hacíamos, olerían nuestras huellas y no volverían en varios días, pero si les disparábamos desde nuestra orilla no entenderían la causa de la alarma y probablemente regresarían en poco tiempo. Por lo tanto, me aconsejó que si disparaba a uno lo dejara allí hasta que estuviera listo para regresar a Kaho. Afortunadamente, el cuerpo del que yo había matado descansaba en aguas poco profundas, cerca de la isla, y pude asegurarlo sin riesgo de asustar a la manada. Pero tuvimos algunas dificultades para recuperarlo, ya que nos vimos obligados a cruzar el espumoso río por un resbaladizo tronco de árbol que estaba tendido sobre él. Luego arrastramos el pesado cuerpo desde el agua hasta la isla y, como Koko no esperaba que la manada regresara, empezamos a despellejarlo. Durante esta operación, los culis se comieron parte del hígado crudo.

Mientras estábamos así ocupados y mi rifle estaba a unos diez metros de mí, de repente vi a un takín que caminaba despreocupadamente hacia nosotros. Me apresuré a arrastrarme hacia el rifle, pero justo cuando lo alcancé, el takín, que entonces se encontraba a unos veinticinco metros, se fijó en nosotros por primera vez, giró rápidamente en redondo y se alejó al galope. Mientras se iba disparé, y le vi tambalearse ante el disparo, pero desapareció detrás de un montículo bajo antes de que pudiera disparar de nuevo. Esperaba poder disparar otra vez cuando lo viéramos salir de este refugio, pero como no reapareció vadeamos la parte del río entre la isla y la orilla más lejana. Al principio nos extrañó no verlo, pues no parecía posible que una criatura tan grande pudiera permanecer oculta entre las rocas, no obstante, después de buscar un poco, lo descubrimos tumbado en una pequeña cueva oscura bajo una roca. Koko se asustó mucho y me suplicó que disparara de inmediato, ya que los takines eran peligrosos cuando estaban heridos; así que disparé y lo maté. Con gran dificultad lo arrastramos hasta el río y cruzamos el agua hasta la isla, y luego continuamos desollando a los dos animales. Los cuernos inmaduros de este no eran tan grandes como los del primero que había matado, pero me alegré de tenerlos porque mostraban una etapa diferente en el desarrollo de los cuernos, sobre cuyo crecimiento se sabía muy poco. Mientras estábamos así ocupados, la manada regresó dos veces al manantial, pero al vernos se alejó de inmediato. Tuve algunas dudas de que el haber caminado hacia este animal hubiera dejado un olor en el suelo que pudiera alarmar a la manada a su regreso; pero como había sido herido por el primer disparo, me sentí obligado a ir a buscarlo. El consejo de Koko resultó ser correcto en cierta medida, ya que por la tarde algunos animales se acercaron al lugar por donde habíamos caminado y, al oler nuestras huellas, giraron bruscamente y se dirigieron hacia el bosque; aun así, como esto ocurría a cierta distancia de la fuente, la mayor parte de la manada no se había desbandado. Las dos bestias a las que había disparado eran de un color más claro que la media, y mi ayudante shikari me dijo, equivocadamente, según supe después, que este es el color de los machos grandes.

La tarde nos encontró de nuevo en el mismo lugar y la gran manada estaba como de costumbre dentro y alrededor del agua caliente. Me habían decepcionado los cuernos de los dos que había cazado por la mañana, y estaba decidido a conseguir uno de los animales más grandes y voluminosos, que supuse acertadamente serían los toros viejos, aunque sus cuernos no parecían tan largos como los de algunos de sus compañeros más pequeños. El color de estos animales más grandes no era tan claro como el de los machos más jóvenes, ni era tan oscuro como el de las hembras o los jóvenes inmaduros. Había dos toros notablemente grandes en medio del manantial, pero me resultó muy difícil conseguir un disparo claro, ya que la manada estaba tan apiñada que nunca pude ver bien a ninguno de los dos durante el tiempo suficiente como para poder apuntar con seguridad. Mientras yo estaba así escondido, algo los alarmó, y se volvieron hacia el bosque, todos juntos como si hubieran sido entrenados, pero se detuvieron justo antes de llegar a los árboles, aparentemente esperando nuevas órdenes. Uno de los grandes se paró frente a mí, bastante alejado de los demás, y la pronunciada pendiente del suelo me permitió apuntarle a lo largo de la espalda y el cuello. Disparé con firmeza y cayó como un tronco, mientras el resto de la manada desaparecía en el bosque. Más tarde descubrí que la bala le había roto la columna vertebral justo detrás de la cabeza. Por supuesto, estaba ansioso por cruzar el río para examinar mi trofeo de inmediato, pero pensé que era más prudente dejarlo, pues ya había visto lo agudo que era su sentido del olfato.

Había disparado a un macho grande y a dos más pequeños; uno de estos últimos tenía buenos cuernos, mientras que el otro era interesante por tener los cuernos largos, pero sin la curva en la base que se desarrolla más tarde. Yo estaba ansioso por obtener un ejemplar de hembra, así que nos quedamos donde estábamos y, al cabo de un rato, la manada regresó. No hicieron caso de su compañero muerto, y pronto estaban de pie en la fuente termal como antes. Permanecí largo rato observándolos con mis anteojos. Entonces una hembra salió del manantial y bajó al agua dulce del río; estaba distante sólo a unos treinta metros, y ofrecía un tiro fácil.

Al sonido del rifle, la manada se retiró hacia el bosque. Me sorprendió ver que, debido al ruido del agua, algunos de los animales que estaban a unos doscientos metros río arriba, en el lecho del río, no habían oído mi disparo. Entonces atravesé el bosque y salí a la orilla del río frente a ellos, pero no disparé porque los cuernos no parecían ser mejores que los que ya había obtenido. Permanecí bajo la lluvia observando a estos animales hasta el anochecer, cuando regresé al campo, dejando a las dos bestias que acababa de matar tendidas en la orilla opuesta. A nuestro regreso al campamento, todos nos pusimos manos a la obra para limpiar las pieles de los dos animales que nos habían traído por la mañana. Nuestra cena consistió en filetes y tuétanos de takín, que estaban muy buenos, al igual que las fresas silvestres, de las que habíamos recogido una gran cantidad.

A la mañana siguiente, como de costumbre, nos levantamos antes de que amaneciera y nos dirigimos a la fuente, donde pasé mucho tiempo observando la manada. No querría irme a menos que pudiera cazar uno de los grandes animales, lo cual era difícil debido a la forma en que la manada se apiñaba. Fue, sin embargo, un pasatiempo fascinante observar a las criaturas desde tan corta distancia con unos buenos prismáticos. Se empujaban unos a otros en el agua, todos los que podían encontrar sitio de pie en ella, y de vez en cuando bebían un poco, mientras los que estaban en las afueras de la multitud intentaban abrirse paso. A menudo se daban de cabezazos y vi cómo un ternero precoz era arrojado por encima de la manada por un toro viejo. Otros caminaban alrededor de la fuente. En el claro, toda la vegetación había sido devorada o derribada hacía tiempo. Ahora pude examinar detenidamente el color de los takines y descubrí, comparándolos con los que yo había cazado, que los jóvenes, cuando son bastante pequeños, son de un gris parduzco muy oscuro; las hembras son del mismo color, aunque de un tono no tan oscuro; los machos adultos se vuelven más claros; mientras que los toros muy viejos se vuelven de nuevo más oscuros. Las patas de todos ellos son más oscuras que el cuerpo, mientras que la parte superior del lomo es mucho más clara. No son tan claros como los de Shaanxi[109], en China (*B. taxicolor bedfordi*), de los que se pueden ver ejemplares en el Museo de Historia Natural de Londres. Algunos de los animales estaban ramoneando en los árboles en el borde del claro, pero creo que generalmente deben alimentarse por la noche, ya que dos veces los encontré paciendo en el bosque antes de la luz del día. Después de haberlos observado durante algún tiempo, uno muy grande salió del manantial y me ofreció un claro disparo mientras estaba de costado en el borde del bosque. Cuando disparé, giró bruscamente, como si hubiera sido golpeado por el impacto de la bala, y desapareció entre la maleza. Por su acción estuve seguro de que había sido herido de muerte y, de hecho, al día siguiente lo recogimos a menos de diez metros del lugar donde había sido alcanzado. Como los animales nunca se aventuraban a alejarse muchos metros del bosque, era importante matarlos a la primera, ya que habría pocas posibilidades de un segundo disparo a uno herido. Al mediodía regresé al campamento y pasé la tarde observando la manada, pero sin disparar un tiro.

Al amanecer, nos dirigimos a nuestro lugar habitual de observación. Por el camino me topé con un takín solitario que se alimentaba de los arbustos del bosque al otro lado del río. En la penumbra parecía muy grande, así que decidí esperar frente a él hasta que hubiera suficiente luz para verlo con claridad. A medida que aumentaba la luz, me hizo un favor adentrándose en un bosque más ralo, hasta que emergió en un lugar cubierto de hierba que se adentraba en el río. Disparé y cayó, y yo estaba pensando en cómo cruzar el río cuando se levantó y desapareció en la espesa cortina de sauces, dándome sólo tiempo para dispararle apresuradamente otra vez.

Era imposible cruzar el río en el punto en que nos encontrábamos, ya que era demasiado profundo y demasiado caudaloso, y el único lugar de cruce estaba a cuatrocientos metros río abajo. Nos apresuramos hacia allí y cruzamos la parte más profunda por un árbol caído, del que, para diversión del shikari y debido a mis toscas botas, me caí. Luego vadeamos el río y nos apresuramos a subir por la orilla meridional. Por el camino nos cruzamos con una hembra y una cría, que parecían no hacernos mucho caso.

Al llegar al lugar donde había dejado caer a mi bestia, no pude encontrar rastro alguno de sangre, ni tampoco huellas en la selva en la que se había adentrado. Permanecimos en la orilla del arroyo en el que estaba situada la fuente termal y nos acercamos al lugar donde yacían las bestias muertas. Al acercarnos vimos unos cuantos takines en el agua caliente, pero el toro de la manada no estaba allí. Mientras los observábamos desde unos ciento ochenta metros, vimos tres o cuatro mucho más cerca y caminando hacia nosotros. Permanecimos completamente quietos, parcialmente ocultos por los arbustos, y se acercaron a nosotros sin sospechar nada. Por su color y el pequeño tamaño de sus cuernos vi que eran todas hembras. Cuando la más cercana se acercó a una distancia de menos de tres metros, de repente se fijó en nosotros y, dando un curioso bufido de alarma, se marchó. Entonces nos dirigimos a la fuente termal y encontramos a uno de nuestros grandes machos tumbado junto al agua, a otro justo dentro del bosque y a la hembra junto al río, donde yo le había disparado. El terreno alrededor del manantial, que pisaba ahora por primera vez, estaba pisoteado y cubierto de excrementos por las visitas nocturnas del rebaño, y parecía un corral. En varios lugares alrededor de la fuente se habían construido toscos refugios cónicos que apenas podían ocultar a un hombre; los cazadores nativos se agachan en ellos y disparan a los takines con flechas envenenadas a muy corta distancia. Me dijeron que una flecha envenenada mataba a uno de ellos antes de que pudiera recorrer veinte metros. La gente corta un poco de carne alrededor de la herida de la flecha, donde el veneno está en mayor cantidad, pero el resto de la carne se considera buena.

La mayor de las bestias que había abatido medía un metro y treinta y cinco centímetros de altura en los hombros y tenía casi dos metros de largo, desde la nariz hasta el final de la corta cola. El mejor par de cuernos medía medio metro, pero estos no pertenecían al animal más viejo y más grande, cuyos cuernos estaban muy desgastados. La forma del takín es muy peculiar, con la espalda inclinada en un ángulo pronunciado desde la parte superior del lomo hasta la cola; el cuello es grueso y fuerte; la nariz es de tipo romano pronunciado, más bien como la de una cabra india, lo que da al perfil un aspecto curioso; las patas son cortas y robustas, con pezuñas grandes. Después de tomar cuidadosamente las medidas de las bestias muertas, dejé a los culis que había traído del campamento con el propósito de desollar los cadáveres, mientras yo y el shikari continuamos río arriba. Caminamos algo más de kilómetro y medio por un terreno muy accidentado, la mayor parte a través de un denso y húmedo bosque de rododendros, donde el paso de los rebaños había trazado senderos regulares; pero no vimos ningún animal, excepto uno o dos que se movían por los acantilados a unos trescientos metros por encima de nosotros. Koko me dijo que la última vez que visitó este lugar, unas tres semanas antes, había visto dos osos; también me dijo que aquí se encontraban el hermoso tragopan y otra especie de faisán, pero no vi señales de ellos ni de otros animales de caza. Volvimos entonces al manantial y terminamos las operaciones de desollado, después de lo cual nos lavamos en la fuente, cuya agua estaba bastante caliente y olía fuertemente a azufre. Para sorpresa de uno de los hombres, la acción del agua sulfurosa volvió de color dorado un anillo de plata que llevaba, pero le aseguré que pronto volvería a ser plateado. No pude llevar las reses muertas a Kaho para los aldeanos, pues los culis estaban cargados de cuernos y pieles, así que las arrojaron al río y las cubrieron con piedras, diciendo que así la carne se conservaría bien hasta que pudieran volver de Kaho para traerla de vuelta. Pasaron toda la tarde limpiando las pieles, tarea dificultada por la lluvia torrencial, que hacía que el aire estuviera tan húmedo que estas no se podían secar.

    A la mañana siguiente me levanté temprano para ver si los takines habían regresado, aunque Koko me aseguró que era inútil que lo hiciera, ya que habíamos rodeado todo el manantial, y que eso impediría que volvieran durante algunos días. El shikari tenía razón y no volví a verlos.

    Emprendimos el regreso por el mismo camino difícil y de nuevo bajo una lluvia torrencial. Como estaba empapado hasta los huesos, me adelanté a los culis con Putamdu, con la esperanza de encender una gran hoguera en la cueva para secarnos y calentar a los porteadores a su llegada. En China había comprado las mejores cerillas de los principales fabricantes ingleses. En las condiciones de humedad a las que me enfrentaba, estas cerillas eran bastante inadecuadas. Unas cerillas baratas y asquerosas que mi sirviente consiguió en Kangding aguantaban mucho mejor la humedad, pero ya se habían acabado y pasamos una hora fría en la cueva intentando encender el fuego con un pedernal, acero y un trozo de yesca húmeda. Al no conseguirlo, nos vimos obligados a esperar la llegada de los culis, cuya experiencia les llevaba a ser más cuidadosos para mantener seca la yesca. Incluso cuando la yesca estaba encendida, parecía imposible hacer fuego con ella, pues la lluvia constante había mojado hasta el último palo de madera. Pero los porteadores encontraron un trozo de bambú que cortaron con un cuchillo, quitando la parte húmeda exterior hasta que llegaron a la madera seca interior y empezaron a obtener virutas secas, con las que pronto consiguieron una llama. Aquella noche acampamos en la cueva y al día siguiente llegamos a Kaho. Aquí por fin se rompió el hechizo de la lluvia y tuvimos un día soleado y caluroso. Aproveché esta oportunidad para hacer todo lo que pude por salvar las pieles, y descansé un día mientras todos en la aldea estaban ocupados limpiándolas; pero el tiempo había sido demasiado para ellas: todo se estropeó en los días siguientes, y me vi obligado a tirarlas.

Los tibetanos cercanos a Rima llaman a los takines *shingna* mientras que sus vecinos mishmis los denominan *kyen*. Takín es el nombre dado por las tribus mishmis cerca de donde el río Lohit abandona las colinas, a través de las cuales se dieron a conocer al mundo.

Los habitantes de Pome y Kongbo los llaman *kyimyak* o *tsimyak* y este es el nombre que se utiliza más generalmente en Tíbet. Los misioneros franceses de Kangding utilizaban el nombre latino, el «budorcas». Varias personas han pasado por estas fuentes termales desde que yo estuve allí, pero nadie ha visto allí al takín. Creo que permanecen poco tiempo en verano. Parece que son muy regulares en sus migraciones y por eso no vi ninguno cuando estuve buscándolos al sur de Kangding tres meses antes.

Dos años más tarde me encontraría en el valle superior del Dibang, uno de los grandes ríos que se unen al Brahmaputra en Assam. La gente me contó que en ciertas épocas del año pasaban por el valle un gran número de takines, tantos que era peligroso que la gente viajara, ya que los animales no temían al hombre. Tenía la esperanza de presenciar este extraordinario espectáculo, que apenas podía creer, pero no pude esperar. Sin embargo, encontré las huellas de uno de ellos, tal vez un explorador de avanzada de la gran migración. Seguí las huellas hasta que lo alcancé y le disparé, un gran toro. Envié la carne a la aldea, a un día de camino, y el hombre que la llevaba me dijo que había encontrado otro en su trayecto. Se le acercó a menos de cinco metros y le dio un pisotón. El hombre sacó su espada para defenderse, se dio la vuelta y huyó, dejando al takín en posesión del terreno. No puedo decir cuánta verdad hay en estas historias, pero es evidente que la migración estaba empezando. El hombre añadió que si la bestia le hubiera olido, habría huido, ya que temen el olor, pero no la vista de un hombre.

Hay un pequeño grupo de takines bastante aislados en uno de los valles de Bután y hace unos años, gracias a la amabilidad del difunto maharajá, pude conseguir dos de ellos vivos. Presenté uno al zoológico de Londres y otro al de Edimburgo. Este último murió en Londres poco después de llegar, pero el primero vivió en el zoo durante doce años y murió en 1935.

El riachuelo en el que acampé junto a esta fuente termal nacía en un paso llamado Taluk La alrededor del cual había algunas cumbres nevadas. Al unir las diferentes secciones de mi mapa descubrí que estas nieves coincidían con algunas que había visto desde el Rishu La el 20 de junio. El territorio al este del Taluk La está habitado por rawangs[110]. Pocos meses después, el capitán Pritchard cruzó este paso, al que llamó el Diphuk La[111], y este es el nombre utilizado por Kingdon-Ward, Kaulback y otros viajeros que han pasado por este valle. El capitán Pritchard perdió la vida unos meses más tarde al intentar llegar a Dokong desde el norte de Birmania.

Por la tarde nos visitó un perro que pasó la noche con nosotros, y por la mañana vimos el humo de un fuego a cierta distancia, en un ramal del valle. Debían de ser viajeros o cazadores que buscaban carne en el lado birmano del paso.

Durante mi viaje tras el takín subiendo el Di Chu, a pesar del tiempo atroz y un accidente con mi red, capturé unas cuantas mariposas, incluyendo especímenes de la blanca veteada *Aporia baileyi* que ya había capturado en Menkhung y la nueva *Argus Erebia baileyi* y una nueva variedad de una azul plateada, *Aphnaeus syama mishmisensis*. También conseguí una variedad de una pequeña mariposa azul brillante, *Albulina pheretes*. Estas fueron capturadas a unos 2.750 metros, una altitud muy baja para esta mariposa que en el norte de Sikkim se encuentra hasta 4.880 metros. Estos especímenes eran, por lo tanto, más grandes. También recogí el nido de una especie de colirrojo muy bonito, *Chimarrhornis bicolor*.

Desde Kaho envié de vuelta al muchacho Wongshi, o «Spyangku» como le apodaba Edgar, a quien había contratado en Kangding. La razón de este apodo era la siguiente. Recordemos que «spyangku» es la pronunciación tibetana oriental de la palabra «lobo». Los tibetanos de Lhasa se ríen de los habitantes de los distritos fronterizos que son tan incultos que pronuncian las palabras como se escriben y no de la forma correcta que se utiliza en Lhasa, donde la palabra se pronuncia «chang-ku». Había matado una marmota y le pregunté a Wongshi si se la comería. Respondió que sí, que de hecho sólo había un animal en el mundo que no comería y era un «spyangku», ya que si lo hacía se quedaría ciego. «Spyangku» me ganó por el momento, me volví hacia Edgar y le pregunté qué significaba. Edgar dijo: «Piensa en la ortografía» y entonces lo entendí. A partir de entonces, a Wongshi le llamamos ««Spyangku». Spyangku llevó cartas para Edgar en Batang y copias del mapa que yo había hecho desde Yanjing, junto con varias notas que incluían observaciones de latitud y altitud en varios lugares del camino. Pasé algún tiempo copiando todo esto por si algo les ocurría a las copias originales durante el viaje en las condiciones desconocidas a las que me iba a enfrentar entre los miembros de la tribu mishmi. Spyangku llegó a Batang a su debido tiempo, pero no pudo evitar contar una buena historia de su viaje conmigo. Dijo que me había apoderado de una gran extensión de terreno y que le había nombrado gobernador. Empezó a hacer de las suyas en Batang, como hacen los gobernadores en estas comarcas, y pronto lo metieron en la cárcel y le dieron una paliza. Spyangku no había sido muy útil y había salido muy caro.

En su libro *The Land of the Blue Poppy*, el capitán Kingdon-Ward cuenta cómo, por aquella época, recibió una carta de un sacerdote francés en Cigu: [112]«Los ingleses están en Lhasa, los soldados chinos han capitulado... Un oficial británico ha entrado desde Y'a-k'a-lo[113] en una misión secreta...». Este extraordinario rumor fue el resultado de la charla de Spyangku. Le pagué el total más algo extra para su viaje de regreso. Una parte de uno de los cráneos de takín se había caído en el valle del Di, y yo había dejado atrás a uno de los culis, que llevaba mi caja de cocina, para que intentara recuperarlo. En Kaho, Spyangku abrió la caja y robó varias cosas: cuchillos, ollas, carne y *tsampa*. Esto mitigó un poco mi simpatía cuando me enteré de sus problemas a su regreso en Batang.

CAPÍTULO XIII

Entre los mishmis

PASÉ la noche del 14 de julio en Kaho, intentando recuperar las pieles de takín, pero las condiciones meteorológicas se impusieron y al final no pude salvarlas.

El día 15 estaba de nuevo en camino, ¡pero qué camino! Al principio atravesé unos arrozales húmedos, pero al salir de las cercanías de la pequeña aldea tuve un anticipo de mi viaje de los próximos quince días. En el lugar donde el río corría por debajo de un acantilado, el camino se sorteaba con el mismo sistema de troncos con muescas y enredaderas que ya había experimentado al salir de Rima. Después de un acantilado, el camino podía ser bueno y llano durante una corta distancia, pero era más probable que tuviéramos que trepar por las rocas de la orilla del río. A veces teníamos que abrirnos paso a través de la densa selva o bordear campos de maíz, mijo u otros cultivos extraños para mí.

Cuando se viaja por los senderos de la selva, a menudo es necesario dejar una huella del camino recorrido. En Sikkim esto se hace cortando una pequeña rama verde del árbol —fresca y verde, para no dejarse engañar por la señal de un viajero anterior— y colocándola longitudinalmente a lo largo del camino que hay que seguir. Cuando viajaba por primera vez por las Colinas Mishmis en mi descenso desde Tíbet tuve ocasión de seguir una señal de este tipo. Estaba colocada horizontalmente a lo largo del camino. Pensé que la rama debía de haber sido movida accidentalmente por algún animal y continué por el camino, hasta que oí los gritos de advertencia de mis compañeros mishmis. En algún punto de los ochocientos kilómetros que separan las dos regiones la señal cambia, y se bloquea la carretera no utilizada con un ramal transversal en lugar de marcar la que sí usa con uno longitudinal. Me pregunto qué se hace en otras zonas similares, pues todos los pueblos de la jungla deben tener una señal a tal efecto.

Algunos chicos espantaban pájaros, monos, osos y otros animales merodeadores desde pequeñas plataformas construidas en los campos. En uno de estos campos me topé con algunas codornices y disparé a una, pero no pude encontrarla en la alta hierba. Al atardecer llegué a un puente de cuerda de unos treinta metros sobre un río. El puente estaba sujeto a grandes árboles a cada lado del arroyo, sobre los que se había construido una plataforma de bambú desde la que se podía acceder a este. Me habían hablado de este puente y, para ahorrar tiempo, envié un mensaje a la aldea de Dong[114], que estaba cerca del puente, para que enviaran gente que ayudara a cruzarlo. Aparecieron dos hombres y cuatro mujeres que trajeron como regalo de bienvenida pollos y huevos. Mis hombres querían pasar la noche en Dong, pero yo insistí en continuar tres kilómetros más allá, hasta Tinai, adonde llegamos al anochecer, iluminando nuestro camino con antorchas de pino resinoso. Tuvimos que encenderlas con pedernal y acero porque no tenía cerillas.

Durante la noche llegaron a la aldea algunos mishmis. Debían celebrar una consulta en la aldea de Walong, que estaba en la orilla opuesta del río, y luego ir todos a Zayul a ver al oficial chino que había enviado a buscar representantes de lo que él llamaba la «gente mono». Tan poco predispuestos estaban estos mishmis a acudir a la cita que no me costó mucho hacerles cambiar de planes y persuadirles de que volviesen a consultar al oficial político británico en Sadiya antes de visitar a los chinos, cuyo interés por las tribus al sur del Himalaya era aconsejable desalentar.

Estos hombres me informaron del asesinato del señor Williamson, del doctor Gregorson y de sus sirvientes y seguidores a manos de los adis. Fue un alivio para mí, saber que habían sido asesinados por los adis y no por los mishmis. Mi padre sabía que posiblemente yo podría aparecer por Sadiya y había enviado un telegrama al cónsul general en Chicago: «Adviertan a Bailey de la masacre de Sadiya». Yo no sabía quién había cometido estos asesinatos. Si hubieran sido los mishmis del valle del Lohit habría tenido que cambiar mis planes. El señor Williamson había sido muy popular entre esta gente, me temo que en gran parte por interés, ya que solía hacerles grandes regalos de opio y otras cosas. De hecho, estos hombres tenían algo de té indio y cerillas que les había regalado, de lo que me alegré. El año anterior él había ascendido por este valle hasta casi Rima, y se había encontrado con algunos representantes del dzongpön de Sangngak Chödzong.

Esa noche decidí tirar mis pieles de takín. El tiempo húmedo había sido demasiado para ellas. Me alegré de reducir mi carga, pero no quería deshacerme de aquellos especímenes que tanto me había costado conseguir. Me quedé con los cuernos y la parte del cuerpo de una piel. Algo de esto me fue útil más tarde, cuando mis botas estuvieron lo bastante gastadas.

Dejé Tinai y continué valle abajo. Pasé junto a unos refugios donde Williamson había acampado y me mostraron un árbol en el que, por lo que pude ver, había izado su bandera. Este día apenas recorrí unos ocho kilómetros en diez horas, teniendo que pasar algunas veces sobre puentes de cuerda, por uno de los cuales cruzamos el río hacia la orilla occidental. Sólo este puente nos llevó tres horas. El Lohit tenía unos setenta metros de ancho, con una corriente muy rápida. Pasé junto a dos banderas que, según me dijeron mis hombres, habían sido colocadas por los chinos para marcar la frontera. Acampé en un pequeño llano llamado Mango. Pronto me acostumbré a dormir así, a la intemperie y bajo fuerte lluvia. Los mishmis que había conocido y traído conmigo desde Tinai eran muy amistosos, pero luego se mostraron traicioneros. Me pidieron opio. En previsión de esta eventualidad, había comprado novecientos gramos en Hankou, y ahora los repartí. Lo derriten sobre el fuego y empapan en él un pequeño trozo de arpillera, que fuman en una pipa de bambú.

Las laderas meridionales del Himalaya, desde la frontera oriental de Bután hasta Birmania y más allá, carecen de sal. La parte baja de este país, a unos 1.500 metros de altitud, está habitada por salvajes escasamente vestidos pertenecientes a muchas tribus: hrusos[115], daflas, miris[116], adis, mishmis de varios tipos y otros. Esta gente tiene que conseguir sal de algún sitio. Los que viven cerca de las llanuras de India van al sur para abastecerse, mientras que los que viven cerca de Tíbet van al norte para satisfacer esta necesidad. En su mayor parte, estas tribus no entienden de dinero, sino que intercambian los productos de sus bosques —pieles, bambú, cañas y plantas medicinales— por sal. También traen un poco de caucho a Assam.

Los tibetanos sienten el mayor desprecio por estos salvajes, pero también cierto temor, y en muchos lugares no les permiten entrar en sus aldeas cuando suben a comerciar[117].

El verdadero tibetano no está dispuesto a vivir por debajo de dos mil setecientos metros, y estos bárbaros no pueden vivir por encima de mil quinientos metros de altitud. Debido a esto hay una franja de terreno entre estas dos alturas bastante deshabitada, aunque ocasionalmente algunos tibetanos mestizos como los de Rima y Kaho llenan el vacío[118]. Entre los mishmis siempre hay algunas personas en los pueblos altos que hablan tibetano y otras en los pueblos bajos que hablan asamés, que es un dialecto del indostaní lo suficientemente cercano como para que yo lo entendiese.

Parece ser que mi empleado bengalí en Gyantse tenía un sirviente asamés del que Putamdu se había hecho amigo. En cualquier caso, el asamés tiene muchas palabras en común con el indostaní.

Estaba nervioso por tener que encomendarme irrevocablemente a la misericordia de los mishmis. Sabía muy poco de ellos, aparte de que en 1854 habían asesinado a los dos sacerdotes franceses que habían intentado viajar por su territorio, de que al señor Needham —que había estado en relación política con ellos— le habían disparado con mosquetes y flechas cuando viajó a las proximidades de la frontera tibetana, y de que el intrépido explorador A. K. (Krishna) se había alarmado tanto por los informes sobre ellos que había considerado necesario viajar de Rima a India vía Lhasa, alargando así su viaje tres meses. Mi intención era ir a la primera de sus aldeas y calibrar desde allí las posibilidades de atravesar su tierra, y si parecía del todo imposible regresaría a Tíbet con mis culis tibetanos e intentaría llegar a India vía Birmania. Con este fin, convencí a un tibetano de la aldea de Dong, que hablaba la lengua mishmi, para que me acompañara hasta que encontrara mishmis con los que pudiera entenderme en indostaní o asamés. También conocí a un mishmi que hablaba un poco de tibetano y lo contraté con el mismo fin.

El 17 de julio dormí en la aldea de Tulang, que estaba en la otra orilla del río y a la que se llegaba por un puente de cuerda. Los habitantes, hombres y mujeres, se agolparon para mirarme a mí y a mis pocas cosas. Me temo que no era un espectáculo impresionante. Llevaba muy poco equipaje. Ni siquiera tenía cama, ya que el culi que la llevaba no llegó hasta por la mañana, así que tuve que dormir en el suelo. Entre los pueblos primitivos, y quizá no sólo entre ellos, presentar una buena apariencia puede ser muy útil. Si intentas viajar de forma discreta y con pocos seguidores, te consideran una persona sin importancia por la que no hay que preocuparse. No merece la pena que nadie te dé comida o te proporcione transporte. Por el contrario, un séquito demasiado numeroso dificulta las cosas de otra manera; el grupo se convierte en una carga para la comarca; los habitantes tienen dificultades para ofrecerle ayuda y alimento, incluso para encontrar el transporte necesario. En años posteriores experimenté estas dos dificultades y aprendí el punto medio óptimo e hice que mis requisitos se adaptaran a diferentes condiciones y a diversos tipos de territorios. Por ello, considero que, dentro de lo razonable, cuanta más información reúna, más valiosos serán los resultados. Las notas, los diarios, las cámaras, los materiales de recolección de diversos tipos, todo ello requiere transporte, pero produce resultados importantes. Lo que más lamenté fue no haber podido traerme una colección de plantas. Éstas, junto con el material de recolección, pesan mucho y habrían supuesto una carga extra. Aun así, creo que podría haber hecho algo más en este sentido.

Tanto los hombres como las mujeres fuman mucho; en sus pueblos se cultiva tabaco. Prensé y me traje un ejemplar que fue identificado como *Nicottiana affinis*, que, con su dulce perfume vespertino, no es infrecuente en nuestros jardines. Esta planta debió de introducirse en estas colinas hace muchos años, ya que procede de América.

Al anochecer, el jefe de Tulang, un mishmi muy alto, había venido a verme y me había traído como regalo unas gallinas y huevos y, para la venta, algunas mazorcas de maíz y plátanos verdes que, cocidos, son un sustituto aceptable de las patatas. Me encontraba en la tierra de los mishmis y tenía que decidir si podía continuar o si tenía que regresar. Este asunto lo decidieron por mí mis culis tibetanos. Yo estaba, como ya he explicado, durmiendo en el suelo, cerca del puente. Me desperté cuando empezaba a amanecer y vi al último de mis porteadores tibetanos desenganchándose del puente de cuerda en el otro lado del río, y a todo el grupo corriendo hacia el norte tan rápido como podían sin su paga. Sólo quedaba uno, y era el hombre que había contratado para que me acompañara como intérprete hasta que encontrara a algún mishmi con quien pudiera hablar. Le había regalado el abrigo tibetano que compré en Poda, aunque aún lo llevaba conmigo.

No pude hacer nada para recuperar a los hombres, así que envié a mi sirviente Putamdu con este «intérprete tibetano» al otro lado del puente para pedir a los mishmis que enviaran más hombres para llevar mi carga. El único medio de cruzar el río era el puente de cuerda, que sólo podía cruzar uno cada vez. El intérprete tibetano fue el primero y, en cuanto llegó a la otra orilla, salió corriendo, dejándome su abrigo. Me vi obligado a viajar a través de las Colinas Mishmis, sin nadie más que mi fiel Putamdu, que había venido a Pekín a recibirme. Volví a sentarme entre mis bártulos, y finalmente el apuesto jefe vino hacia mí por el puente, esta vez en un estado de ánimo muy agresivo. Me exigió diez rupias como impuesto por entrar en su territorio, y otras diez rupias a cambio de los pollos y huevos que me había regalado la tarde anterior. Tuve que pagar porque me tenía a su merced. Incluso insinuó algo más, diciendo que el *sahib* de Williamson le había dado una pistola y mucho opio. Lamento decir que cuando volví a ver a este truculento salvaje, el oficial político de Sadiya le había regalado un rifle en lugar de castigarlo por el trato que me había dado. ¡Así es la política! Finalmente, me envió algunos culis por la exorbitante tarifa de una rupia y media al día, lo que significaba que mi pequeña reserva de dinero no duraría hasta que llegara a Sadiya. Para empeorar las cosas, el mishmi que hablaba tibetano y que había dicho que vendría conmigo nunca apareció.

El 18 de julio salí tarde, al menos así lo consideré, pero tendría que acostumbrarme a estos retrasos y dificultades con los culis mishmis. El sendero era, una vez más, del mismo tipo primitivo, pero Williamson la había mejorado el año anterior en algunos lugares más difíciles, es decir, que los palos se habían fijado horizontalmente donde pasaba sobre rocas en pendiente. ¡Esto probablemente fue requerido por las botas de Williamson! En un lugar tuvimos que vadear un río de casi quince metros de ancho y que nos llegaba hasta las rodillas. Entre mis culis había dos mujeres, y los hombres cargaron con ellas y a sus bultos por encima del arroyo, signos de gallardía que no esperaba de estos salvajes. Al atardecer llegamos a un llano cubierto de alto pasto de elefante, cerca de la aldea de Tramti. Allí mis hombres construyeron en pocos minutos un *basha*, un sencillo refugio de bambú con techo de hierba, y se marcharon todos a la aldea, dejándonos a Putamdu y a mí solos. La altitud era de mil cuatrocientos metros. Recogí a un hombre amable que hablaba un poco de asamés, que prometió acompañarme hasta Sadiya y que, de hecho, me acompañó durante varios días. Se llamaba Amphingsa y había ayudado a Williamson en su viaje. Recibí un suministro regular de plátanos verdes, que se encontraban por toda la selva. Me alegré mucho por ello, y también por disponer de un pequeño higo silvestre del tamaño de una cereza, que era bastante comestible. Además, recibía un poco de arroz y maíz de la gente.

A la mañana siguiente me levanté al amanecer. No me llevó mucho tiempo lavarme, afeitarme y recoger mis pocas cosas. Nadie parecía dispuesto a llevarme. Luego vinieron unas mujeres a ver qué hacía, y a estas les siguieron algún tiempo después los porteadores, y salí a las ocho. El camino era mejor que de costumbre y en parte atravesaba hierbas altas, algunas de cuatro metros de altura. En un lugar arenoso nos detuvimos a descansar mientras los porteadores mishmis se entretenían practicando saltos de longitud. Más adelante tuvimos que cruzar un gran afluente llamado Chera. Aquí, sobre la parte más profunda, construimos un puente «mishmi» de palos cruzados. Se trata de un tipo de puente muy común en esta región y se construye de la siguiente manera: un hombre se aleja de la orilla todo lo que puede, normalmente unos pocos metros, y fija dos palos en el fondo que se atan juntos en el punto en que se cruzan por encima del agua. Se empujan un par de bambúes desde la orilla y se colocan en la horquilla, donde se amarran firmemente, y se ata también a la horquilla un peso consistente en una piedra grande o, en su defecto, una cesta de bambú llena de piedras pequeñas, para que todo quede firme. Los dos bambúes de la orilla sobresalen varios metros más allá de los palos cruzados hacia el centro de la corriente. Un hombre camina hasta los palos cruzados y avanza todo lo que puede a lo largo de los bambúes que sobresalen. Cuando ya no puede ir más lejos, fija otros dos palos cruzados con una piedra entre ellos para sostener los bambúes salientes sobre los que se encuentra, y sobre estos se colocan más bambúes que también sobresalen tanto como sea posible, y el proceso continúa a lo largo del arroyo, o al menos hasta que el agua del otro lado se vuelve lo suficientemente poco profunda como para vadearla. Estos puentes sólo pueden construirse sobre riachuelos pequeños y poco profundos, y se encuentran por todas partes en épocas frías, cuando los ríos están bajos. Son temporales y desaparecen cada verano.

Estos puentes tienen un uso secundario en aguas bravas. En ellos se fijan cestas cónicas de bambú, con el extremo cerrado y puntiagudo hacia abajo; el otro extremo está abierto. Un pez moviéndose hacia abajo entra en ella; su cabeza queda capturada en el extremo angosto y no puede darse la vuelta, quedando atrapado.

Llegamos a Minzong hacia la una de la tarde, donde el río, que había estado fluyendo hacia el sur, gira bruscamente hacia el oeste. Naturalmente, yo deseaba continuar, pero los hombres se negaron a hacerlo. Se limitaron a llevarme a un refugio de bambú y hierba como antes, y se marcharon a la aldea. Por la tarde, unos veinte aldeanos, en su mayoría mujeres, vinieron a mirarme y a tomar nota de todo lo que hacíamos Putamdu y yo.

La mañana del 20 de julio no apareció nadie, salvo los visitantes habituales. Entonces, para mi alegría y sorpresa, aparecieron dos tibetanos con los que podía hablar. Habían sido enviados por los chinos para traer a algunos jefes mishmis de la parte baja del valle. Les habían dicho que si no conseguían traer a los mishmis en quince días perderían sus cabezas. Llevaban ya un mes trabajando y por fin habían convencido a unos cuarenta para que vinieran. Les dije que era mucho mejor que se dirigieran al oficial político de Sadiya y se mantuvieran alejados de los chinos que, según había oído, estaban siendo enviados a luchar a Pome. Estoy seguro de que ninguno de estos mishmis fue a ver a los chinos y espero que los tibetanos, si lo hicieron, llegaran después de que la guarnición china hubiera sido aniquilada y no sufrieran ningún daño. Uno de los mishmis que conocí en Tinai, y a quien aconsejé que fuera a Sadiya antes de visitar a los chinos, se presentó aquí y trajo a su esposa para que me conociera. Le regalé a la señora la cadena de mi reloj, para su gran alegría. Las cosas se estaban volviendo un poco más amistosas, aun así, nunca me invitaban a una casa, ni siquiera a un pueblo. Un joven, sin embargo, me invitó a quedarme en su casa de Tula, un pueblo por el que debía pasar más adelante, pero al final esta invitación quedó en nada.

Quería ver cómo vivía aquella gente, pero el ostracismo era total.

El río Lohit era muy caudaloso, la marca de subida de caudal estaba a más de tres metros por encima del nivel del agua. Desde el nivel del río hasta once o doce metros por encima del agua fría había una capa de niebla. Cada vez que descendíamos entre la niebla, sentíamos mucho frío. Pasé la noche en un lugar llamado Muku[119], en un limpio refugio de paja construido por Williamson.

Me habían dicho que podría llegar a Tula en dos días desde Minzong y esperaba salir pronto y cumplir este programa. Mis mishmis no pensaban lo mismo. Cocinaban su comida con más tranquilidad que yo, y luego tenían que fumar tabaco y opio. El camino era, en todo caso, peor que antes, debido a un nuevo corrimiento de tierras y a una subida resbaladiza sobre arcilla. Pasamos por varios puentes de cuerda que cruzaban el Lohit. Algunos de ellos eran de un tipo diferente a los que yo había utilizado anteriormente. Consistían en cuatro hebras de caña separadas, sin retorcer, con varios aros o argollas de caña alrededor. El viajero se arrastra hasta la argolla y tira de ella para cruzarlo. Es aconsejable atar un poco de plátano silvestre mojado dentro del aro como lubricante. Cronometré a un mishmi cruzando el río por uno de estos puentes, y tardó dos minutos y medio. Normalmente, había unas diez argollas en estos puentes. Si un hombre llegaba cuando todas estaban en la otra orilla, tenía que buscar en la selva un trozo de caña y hacerse una; pero por promedio solía haber al menos un aro en cada orilla. Acampé en otro de los refugios de Williamson, llamado Kherang. Los mishmis me dijeron que mientras preparaban la comida habían oído un tigre y me pidieron que durmiera con el rifle cargado. La temperatura por la noche bajó a 20 °C.

Aquí cambié algunos de mis porteadores. No estaban satisfechos con la rupia y media diaria que se había acordado, y tuve que pagar más. Estaba pagando en rupias chinas, que eran todo lo que tenía.

Me retrasé en el río Halli por un puente de cuerda que supuso una hora y media para mi grupo de nueve personas y otros cuatro viajeros que pasaron por allí. Los preparativos, como colocar las argollas y atar el lubricante, ocuparon parte del tiempo, por lo que un mayor número de personas no habría tardado proporcionalmente tanto. Me fijaron en varias de estas argollas y me dieron un soporte extra para la cabeza; pero, aun así, me fue bastante difícil tirar de mí mismo los treinta y cinco metros que me separaban de la orilla.

Cerca de aquí vi una extraña disposición de cuerdas de bambú que salían de una plataforma en el campo. Resultó ser un ingenioso y eficaz dispositivo para ahuyentar a pájaros y animales de los cultivos. Se construye una cabaña elevada sobre postes lo suficientemente altos para protegerla de los animales salvajes. De ella parten hilos de corteza de bambú que se extienden en todas direcciones hasta los bordes del campo; de ellos cuelgan tubos huecos de bambú, dos o tres juntos. Un muchacho pasa la noche en la cabaña y sacude periódicamente las hebras de bambú, lo que hace que los tubos de bambú traqueteen entre sí y el ruido asuste a los animales. Uno o dos años más tarde pasé algún tiempo con la tribu vecina de los mishmis chulikatta, que habían perfeccionado este sistema para ahorrar trabajo.

Se ataba un cubo de bambú a un poste que descansaba sobre una cuerda de bambú tensada entre dos soportes. En él se fijaban otras cuerdas que conducían a los lindes del campo, y de ellas colgaban las «sondas» de bambú hueco. Un chorro de agua procedente de un tubo de bambú se dirigía al cubo que, una vez lleno, se equilibraba y levantaba el poste de la cuerda. Al balancearse, el cubo se vaciaba y la pértiga se balanceaba hacia atrás y golpeaba la cuerda, haciendo sonar todos los tubos de bambú unidos a ella. El agua volvía a caer en el cubo, y esto sucedía automáticamente cada minuto durante todo el día y la noche, interrumpiendo el sueño hasta que uno se acostumbraba al ruido intermitente.

El bambú desempeña un importante papel en la vida de esta región; de hecho, así ocurre en todas estas colinas que limitan con el nordeste de India. Los brotes jóvenes se comen, los troncos más grandes se cortan para hacer cubos para transportar agua y también se utilizan como ollas de cocina; se hacen con él cestas y otros recipientes; de su corteza flexible se hacen cuerdas que se utilizan de muchas maneras; las casas se construyen con él. De hecho, es difícil imaginar esta tierra sin el bambú.

Del mismo modo, el nómada tibetano de las altas mesetas depende del yak para todo. Se come la carne, se bebe la leche, se hace queso y mantequilla, con el pelo se hacen cuerdas y también se teje la tela con la que la gente hace sus tiendas. No hay casas. No hay madera. El estiércol seco del yak es el único combustible. ¿Qué le pasaría a este país si se extinguiera el yak? El hombre ya no podría vivir allí.

Dormí bajo una roca en Tula. Esperábamos encontrar una de las *bashas* de Williamson, pero como había sido construida en un campo, la habían quitado. El jefe apareció con unas mazorcas de maíz como regalo. Le di cinco rupias y un poco de opio. Consideró que mi mezquindad era inconcebible, se ofendió y me pidió diez rupias. Le di siete. Los funcionarios del gobierno, cuando hacen giras oficiales, tienen que distribuir presentes con generosidad, pero esto dificulta las cosas a los viajeros particulares, sobre todo a los que vienen de lejos como yo.

Por la noche llovió y me caía encima el agua de la roca. Tuve que levantarme varias veces y mover la cama para intentar mantenerme seco. Amphingsa, el hombre que hablaba un poco de asamés, pasó la noche debajo de la roca conmigo. No parecía dormir, por lo que pude ver, pero mantenía el fuego encendido y era útil en ese sentido. Había disparado una flecha a un pequeño pájaro al que, después de quitarle algunas de las plumas más grandes y hacerle algunos cortes en el pecho, arrojó al fuego; una vez ligeramente chamuscado, se lo comió casi crudo, desgarrándolo con los dientes y los dedos como un animal.

Cada mishmi lleva un arco y un carcaj lleno de flechas. Las flechas son de varios tipos: una pesada con cabeza de metal, normalmente impregnada de veneno, es para hombres o animales grandes; la flecha para un pájaro es mucho más sencilla. Se trata simplemente de una vara de bambú afilada en la punta, y la «pluma» es de hoja de palma. Son tan fáciles y rápidas de fabricar que no se molestan en recogerlas cuando han disparado a un pájaro, una ardilla o un animal pequeño.

Una vez más, estaba listo para partir al amanecer, pero aparte de los mirones habituales, no apareció nadie para llevar mis cosas. Putamdu nunca había visto que me tratasen así antes, y se sintió inclinado a ser un poco duro con los hombres cuando vinieron, especialmente cuando en lugar de ponerse en marcha procedieron a sentarse y fumar opio y tabaco. Su disgusto fue tal que uno de los mishmis sacó su espada y le amenazó, y yo tuve que intervenir. Finalmente, partimos a las diez y media y recorrimos unos quince kilómetros hasta Pangum, donde acampé en uno de los refugios de Williamson. Uno de mis culis salió bajo una lluvia torrencial con una red de pesca atada a dos palos. Al anochecer regresó empapado hasta los huesos y sin peces. Los mishmis no prestan mucha atención a la lluvia. No parecen hablar de ella como nosotros, sino que la consideran un incidente normal y sin interés. Sus escasas ropas y sus cuerpos mojados se secan rápidamente. A veces utilizan una especie de paraguas, un trozo de estera de bambú doblada en dos y cosida por un extremo. Este vivac estaba cerca del río y la proximidad del agua fría hizo bajar la temperatura; la mínima era de 18 °C, casi seis grados menos que en mi último campamento.

La mañana del 24 de julio las cosas empezaron bien. El jefe llegó con un regalo de pollo y batatas. El pescador también había madrugado y traía cinco pececillos. El primero empezó a enfadarse cuando sólo recibió diez rupias chinas. Amphingsa, que había venido conmigo desde Tinai y que había prometido ir directamente a Sadiya, había cambiado de opinión y decidió regresar desde aquí. Había sido útil como intérprete y llevaba conmigo ocho días. Le di treinta rupias. Lo escaso de la suma le afligió, y al final tuve que dar más a estos dos hombres. Conseguí encontrar a otro asamés que aceptó acompañarme. Llevaba un abanico hecho con la cola de un faisán monal. Lo que me interesó fue la banda blanca en la punta de la cola. Esto demostraba que era uno de los poco conocidos monal de Sclater o monal coliblanco (*Lophopborus sclateri*) y no el monal común del Himalaya occidental. Vi otro abanico hecho con la cola del faisán pavo real (*Polyplectron bicalcaratum*).

El camino estaba tan mal como siempre y en algunos lugares incluso peor. Una vez trepamos por un acantilado a la orilla del río hasta que la pista desapareció y tuvimos que vadear hasta la cintura el agua fría al pie del acantilado. Al atardecer dejamos el río principal y ascendimos por un afluente hasta un puente de cuerda. Era demasiado tarde para cruzar, así que dormí en un refugio de hojas de plátano silvestre que mi gente me preparó junto al puente. Las hojas de plátano, aunque son muy grandes y, por lo tanto, aparentemente muy adecuadas, son las peores para este propósito. Los mishmis lo sabían y nunca las utilizaban si encontraban otra cosa. Cuando las hojas de plátano se marchitan, el viento o la lluvia hacen que se partan y, por la mañana, se tiene una buena vista de las estrellas, o puede llover a cántaros. Una especie de hoja de crotón era la mejor si se podía encontrar. Se fijaba haciendo una muesca en la nervadura central de la hoja; las hojas se colocaban ordenadamente como las pizarras de una casa. Era impermeable, más eficaz y rápido de hacer que un techo de hierba o de hojas. Aquel lugar se llamaba Tra-me-ling y debía de ser el mismo que el Sa-me-ling[120] de Williamson. Generalmente, caminaba por delante de mis culis, desde donde podía ver más de la vida animal. En esta parte de la región vi muchas serpientes que se asoleaban en el camino. No pude capturar ninguna. Atrapé muchas mariposas de gran belleza, pero de las variedades corrientes del Himalaya oriental. Pero una de ellas era nueva y se llamaba *Halpe perfossa*.

Hacia medianoche me desperté un aldeano que quería saber... ¡cuánto me proponía pagar por el privilegio de cruzar su puente! Le dije que hablaría de eso por la mañana. Durmió en el suelo a mi lado, tal vez para asegurarse de que no me escabulliría, y por la mañana me dijo que el peaje para mí era de sesenta rupias. Williamson habría pagado esa suma y probablemente más por conseguir más cañas para reforzar su puente. Le dije que si me ayudaba podría darle un poco de propina. Si no, me quedaría donde estaba hasta morirme de hambre. Los británicos que, como todos sabían, se disponían a vengar el asesinato de Williamson a manos de los adis, sin duda vendrían aquí y vengarían también el mío. Me vi obligado a utilizar con frecuencia este argumento con esta gente molesta y desagradable.

Unos años más tarde, cuando enviamos partidas para inspeccionar adecuadamente las Colinas Mishmis, una pequeña partida escoltada penetró en uno de los valles laterales más largos. Se pidió un informe al oficial al mando y este fue escueto: «El país está maldito y la gente también».

Empecé a hacer pasar a mi grupo por el puente al amanecer. Llevó un tiempo considerable, que empleé en intentar reparar mis botas, que estaban bastante desgastadas y me daban muchos problemas. Corté trozos de la única piel de takín que me quedaba e intenté repararlas. Primero intenté poner trozos de piel dentro de la bota. Como no lo conseguí, intenté atarlos por fuera. El resultado fue un artilugio muy torpe, pero me salvó los pies de las espinas y las piedras del camino. No sólo no era zapatero, sino que tampoco tenía herramientas.

Más adelante me retrasé en un puente de cuerda de cuarenta y cinco metros de largo. Este río también había retrasado a Williamson, quien había construido un puente que se había llevado la crecida. Cuanto más largo es el puente, más hilos de caña se necesitan. Este puente estaba hecho de cinco hebras, una de las cuales se rompió cuando estábamos cruzando, pero las otras cuatro aguantaron y no sufrimos ningún daño. Habría llevado mucho tiempo buscar en el bosque hasta encontrar un trozo de caña de longitud suficiente, sacarlo y colocarlo en el puente. Aun así, me demoré aquí tres horas y media. Vi un buen pez en el río, y algunos hombres que salieron a pescar trajeron un pez de casi un kilogramo que habían pescado.

Al final de la marcha de este día llegamos a un sendero muy usado que conducía desde el río hasta las colinas de nuestra derecha. La seguimos y me encontré en la aldea mishmi de Khupa, la primera en la que me habían permitido entrar. Consistía en una larga casa de bambú sobre estacas, rodeada de algunos graneros y chozas. Alrededor había un muro de estacas de bambú con una puerta tachonada de puntas de bambú afiladas. Evidentemente, lo primero que pensaron los constructores fue en protegerse de sus enemigos. Dentro del muro había algunas banderas de oración tibetanas y cráneos de animales alrededor de un altar. Otras ofrendas eran la piel de un pájaro y un paquete atado con una hoja de plátano. No supe qué era, ya que, evidentemente, a la gente no le gustaba que yo tuviera nada que ver con su lugar sagrado. No quería pasar la noche en el pueblo y tampoco creía que los aldeanos quisieran. Sin duda prefería el limpio bosque, así que volví al camino junto al río y pronto llegué a uno de los campamentos de Williamson, donde nos acomodamos en uno de sus refugios. Muchas personas, entre ellas muchos niños, pasaron una tarde feliz haciendo turismo. Venían a mirarme y a maravillarse de todo lo que hacía. El jefe me trajo de regalo dos pollos, pero todos los esfuerzos por conseguir un poco de arroz fracasaron.

A la mañana siguiente, el 26 de julio, el jefe volvió a venir, esta vez con boniatos. Le di el regalo habitual, con el que, para mi sorpresa, quedó bastante satisfecho.

Empecé cruzando por un puente de cuerda y seguí valle abajo, atravesando varios arroyos por el agua. Ninguno era lo bastante grande como para necesitar un puente. Los hombres recogieron varias clases de frutas silvestres en el bosque, y recolectaron algunos hongos de aspecto repugnante. Volví a pasar la noche en el antiguo campamento de Williamson, en Paya, perturbado por truenos y relámpagos y un refugio con goteras. Mis compañeros pasaron la mayor parte de la noche asando mazorcas de maíz. Compré aquí un cerdo pequeño que trocearon y cocieron en tubos de bambú. Descubrí que las reparaciones de piel de takín de mis botas no servían de nada, así que corté mi bañera de lona Willesden y la até alrededor de los restos de mis botas con las correas de mi cámara y de mis prismáticos. Esto funcionó un poco mejor, pero en realidad había hecho dos bolsas que se llenaban de agua en cada arroyo o charco hasta que les hice agujeros para drenarlas; además se desgastaban muy rápidamente.

Salí a las ocho y media de la mañana. Fue una suerte que fuera no una de mis partidas a las once de la mañana, porque cuando me acercaba al río Tidding me encontré con algunas personas que me dijeron que el puente de cuerda estaba roto. Mis mishmis querían recorrer cierta distancia subiendo el Tidding hasta otro puente, pero al final una promesa de opio persuadió a un lugareño para que trajera a sus amigos, cortaran cañas y bambú y arreglaran el puente. Esto llevó varias horas, y todavía estábamos cruzando el puente cuando cayó la noche. En la oscuridad escuché lo que temí que fuera el puente derrumbándose de nuevo, pero resultó ser sólo uno de los puntales que se atan a cada lado para sostenerlo. Mis hombres me construyeron un cobertizo de bambú con grandes hojas. Era el día en que terminaba mi permiso y debía presentarme en India.

Me estaba adentrando en un país en el que me acechaban varias plagas que no abundan en el interior de las colinas: mosquitos, flebótomos, moscas *dam dim* y sanguijuelas. Me alegré mucho de tener mi mosquitera. Por la noche, mi vela atraía a un gran número de polillas y otros insectos.

El 28 de julio hice una marcha ridículamente corta de cuatro kilómetros hasta la aldea de Salumgum, a cuatrocientos cincuenta metros por encima del Tidding. Llegué antes de las once y, naturalmente, quise continuar, pero la gente insistió en que me quedara hasta el día siguiente. Dijeron que el camino pasaba por una colina donde no había agua y que no podríamos llegar a la siguiente aldea, Tashalun, en el día. Me invitaron a quedarme en la casa grande del pueblo, y así lo hice, instalando mi cama y mi mosquitera en el porche, hasta que una tormenta me obligó a meterme en la casa en mitad de la noche. La gente era más amable que de costumbre al estar más en contacto con Sadiya. Los niños me trajeron un montón de mariposas destrozadas; pensaban que quería catarlas.

Al día siguiente salí a las seis y media de la mañana. Después de recorrer unos seis kilómetros y medio pasamos uno de los campamentos de Williamson. El camino continuó hasta que llegamos a la cumbre, a mil metros por encima de mi campamento de Salumgum y a mil novecientos metros sobre el nivel del mar. Aquí mis culis añadieron una rama a una pila de leña, del mismo modo que los tibetanos hacen pilas de piedras en las cimas de los puertos de montaña de su país.

Aquí el bosque era demasiado espeso para ofrecer una vista lejana, pero tras descender un corto trecho tuve mi primera vista de las llanuras de Assam, una gran extensión llana de bosque y hierba alta hasta donde alcanzaba la vista con un horizonte brumoso. Se veían pequeños chubascos que formaban manchas de niebla.

Los ríos y arroyos, algunos de los cuales captaban la plateada luz del sol, rompían la monotonía. No vi señales de presencia humana. Las aldeas que había estaban ocultas entre la vegetación. Desde entonces he sobrevolado los espesos bosques del Amazonas y otras partes de Sudamérica, y sólo puedo comparar la vista desde este punto con aquellos. Quizá en Assam haya más zonas de hierba alta.

El agua en el camino había sido una dificultad. En un lugar se había desviado cuidadosamente un pequeño goteo de una roca hacia una hoja de la que la gente podía beber. En otro lugar conocían un árbol no muy lejos de la senda en el que había un hueco entre las ramas donde se acumulaba el agua de lluvia, y fuimos a beber allí. Otra fuente de agua consistía en cortar ciertas enredaderas gruesas con una espada y beber la savia que goteaba. En este lugar había unos cubos de bambú huecos llenos de agua. Los habían recogido viajeros anteriores durante las lluvias torrenciales y los habían dejado para un día seco. Esta gente, que vive en un clima húmedo, no puede pasar sin agua ni siquiera unas horas.

Más adelante me dio la bienvenida un grupo de la aldea de Hallangam, con regalos como un lechón, gallinas, huevos, maíz y plátanos maduros. No había visto tanta ni tan variada comida durante mucho tiempo. Poco después llegué a la aldea de Tashalun, donde de nuevo me recibieron con regalos de comida, incluido un poco de té.

La gente me pidió que me quedara en la casa, pero preferí hacer el refugio habitual de hojas, ya que era más limpio. Poco después del anochecer se levantó una terrible tormenta que hizo pedazos mi refugio y me empapó a mí y a mi cama, así que al final tuve que trasladarme a la casa.

Me acercaba ya al final de mi viaje de cuatro meses desde Pekín y estaba deseando disfrutar de los beneficios de la civilización, que, aunque palidecen al cabo de un rato, son muy bienvenidos tras un viaje como el que iba de terminar Estaba ciertamente cansado de la comida poco apetecible a la que me había visto constreñido en el territorio mishmi, y también sentía que estaba harto de dormir en un refugio inadecuado bajo las lluvias de una de las partes más húmedas de la tierra. A esto se añadía la fastidiosa cuestión de la concesión de mi permiso. Según el reglamento, se consideraba que me había reincorporado al servicio un día antes de llegar al puerto. Por lo tanto, parecía razonable considerar que mi permiso terminaba un día antes de llegar a la frontera terrestre de India, pero nadie sabía dónde se hallaba ésta, y yo tenía la impresión de que los lumbreras que se ocupan de estos asuntos no se pronunciarían en mi favor. Al final me recortaron el sueldo desde el día en que terminó mi permiso hasta que me incorporé a mi nuevo destino. Al argumentar este asunto me preguntaron en qué puerto había desembarcado. «En Calais», contesté. El *babu*[121] de la oficina del contable nunca había oído hablar de él y tuve que mostrarle el lugar en el mapa, a lo que él comentó: «Esa no es la forma habitual, ¿verdad?».

Esta cuestión de la expiración de mi permiso contribuyó a mi decepción cuando los lugareños me dijeron que tendría que quedarme con ellos seis semanas. El río Lohit abandonaba aquí las colinas y entraba en la llanura de Assam, y la ruta de invierno atravesaba la llanura justo al norte del río. Este camino se abría todos los años y se construían puentes provisionales sobre la media docena de afluentes que desembocaban en el Lohit desde las colinas. Con las lluvias, todos esos puentes fueron arrastrados y la senda quedó intransitable. Me informaron de que tendría que esperar a que pasasen las lluvias y se rehicieran los puentes. Les dije que debía hacer un esfuerzo para pasar, y el resultado de una larga discusión fue que podría intentarlo yendo al pie de las colinas, donde los ríos eran más pequeños antes de que las diferentes ramas se unieran. No había ningún tipo de camino y tendría que abrirme paso a través del bosque y, lo peor de todo, el último río, el Digaru, era el más grande, y si llegaba hasta él y no podía cruzarlo, tendría que volver a Tashalun y esperar a que se abriera el camino. No había aldeas ni casas en el bosque. El viaje hasta Sadiya duraría unos ocho días. Era una perspectiva bastante alarmante, pero tenía que afrontarla.

Considerando la posibilidad de que nos viéramos obligados a regresar desde el Digaru después de siete u ocho días de viaje, me pareció necesario llevar comida para al menos quince días. Un hombre come aproximadamente un kilogramo de comida al día, así que tendríamos que empezar con quince kilogramos para cada uno de nosotros. Esto significaría más porteadores que a su vez necesitarían quince kilogramos de comida cada uno, y así sucesivamente, engrosando mi pequeña caravana. Pero esta gente imprudente no ven las cosas de esta manera. El bosque probablemente produciría algo, y tal vez nos las arreglaríamos para cruzar el Digaru sin problemas, así que no había necesidad de plantearse un viaje de vuelta.

Mis preparativos fueron sencillos. Un poco de maíz, un poco de arroz y un poco de sal era todo lo que pude conseguir. No debo olvidar tres o cuatro gallinas que viajaban en cestas de bambú. Una gallina ponía un huevo cada día en nuestra parada del mediodía. La llevé directamente a Sadiya y la jubilé, entregándosela a un hombre que prometió fielmente tratarla bien y no comérsela.

Me alojé en una de las casas y tuve la oportunidad de ver cómo vivía la gente. El poblado consistía en un par de casas largas y estrechas sobre pilotes a un metro del suelo. Las paredes y el suelo eran de bambú, y el edificio estaba cubierto de paja. Cada casa está dividida en varias habitaciones en línea que se abren unas a otras, y cada habitación parecía estar ocupada por una familia. La casa en la que me alojé tenía diez habitaciones. Para llegar a la última habitación había que pasar por las otras nueve, de modo que la intimidad debía de ser escasa. En cada habitación había un fuego formado por los extremos ardientes de tres largos palos que se unían en una piedra de hogar en el centro de la habitación. Los otros extremos de los postes se colocaban en la habitación y se utilizaban como almohadas. A medida que se consumían los extremos, los postes se desplazaban hacia el centro. Los mishmis adornan el interior de sus casas con cuernos de animales tanto domesticados como salvajes. El objetivo, por lo que pude ver, es mostrar su riqueza y su habilidad en la caza. Quizá nosotros tengamos ideas parecidas. El ganado que tienen es *mithun*, una variedad de bisonte salvaje que han domesticado, mientras que muchos de sus animales son un cruce entre este y el ganado indio. Varios cuernos de animales domésticos en las paredes denotan que el propietario es un hombre rico que puede permitirse matar y comer estos animales. La casa en la que me alojé tenía setenta cornamentas en las paredes. Los hombres parecían no tener otra cosa que hacer que tumbarse en el suelo y fumar. No hacían comidas regulares, sino que comían cuando tenían hambre. Durante toda la noche, alguno de ellos parecía estar asando mazorcas de maíz en el fuego y comiéndoselas, o empujando los troncos hacia el centro del fuego mientras se consumían. Cada vez que se hacía esto, se molestaba a los durmientes que estaban acurrucados en los troncos. No les importaba lo más mínimo, es más, se levantaban y también se ponían a comer o a fumar.

Comen una cosa muy curiosa, que creo que debe ser un hongo, pero que tiene el aspecto y el sabor de la piedra arenisca. Las mujeres portaban una banda ancha de plata en la frente y grandes pendientes tubulares de plata en forma de embudo, para sostenerlos se dilata el lóbulo de la oreja. Ellas hacían la mayor parte del trabajo y traían continuamente tubos de bambú llenos de agua. Los hombres solían llevar el cráneo de un mono pequeño como adorno o amuleto. Transforman las azadas del arado en espadas, es decir, traen azadones de Sadiya que han sido desechados por los cultivadores de té y otros agricultores de Assam y los convierten en espadas y cuchillos. Una marca conocida de la azada es la de dos pies humanos girados hacia fuera. Los mishmis consideran que esto es señal de buen acero, y cuando fabrican una espada conservan esta marca en ella, por lo que a menudo se encuentra una espada mishmi con esta marca cuidadosamente conservada, lo que aumenta el valor del arma.

Los mishmis no tienen relojes y el tiempo les importa muy poco. La salida y la puesta del sol son los momentos más importantes, y para ello el propio sol es un reloj muy práctico. Cuando te pones en marcha por la mañana, si preguntas a qué hora llegarás, por ejemplo, a un río o al lugar donde quieres acampar, el hombre señalará en el cielo la posición en la que se encontrará el sol en ese momento; del mismo modo puedes adivinar lo lejos que llegarás antes de que aparezca la oscuridad, y esto es un asunto muy importante.

Varios vecinos me visitaron trayendo pequeños regalos de comida, lo que me alegró mucho. Uno de ellos me dio arroz indio limpio. El arroz mishmi que había estado comiendo era rojo y muy sucio, pero mi principal alimento hasta aquí había sido el maíz, y esa dieta no me sentaba bien.

Ahora tenía casi suficiente arroz para llegar a Sadiya. Tenía muchas ganas de un poco más, pero no pude conseguirlo. Tuve que entregar regalos de dinero por todo esto y, como de costumbre, nadie quedó satisfecho. Un hombre me pidió doscientas rupias porque quería construirse una casa nueva, y pareció bastante dolido cuando me negué.

PUENTE DE CUERDA MISHMI (NÓTENSE LAS ARGOLLAS DE CAÑA AL FINAL DEL PUENTE)

MIS PORTEADORES MISHMIS

Mishmis en el valle del Lohit

CAPÍTULO XIV

Llegada a Sadiya

SALÍ de Tashalun el 31 de julio con siete cargas de culis, en su mayor parte cuernos de takín y especímenes de historia natural. Aún conservaba mi cama de campaña, de lo cual me alegré mucho, pues estoy seguro de que me salvó de muchas sanguijuelas, y ahora iba a atravesar una de las zonas más infestadas de sanguijuelas de la tierra, en plena temporada. También tenía mi mosquitero, pero otras cosas estaban gastadas y me deshice de mucho equipaje en Tashalun, para regocijo de los habitantes. Mis botas eran mi mayor problema. Viajé todo el camino hasta Sadiya con ellas envueltas en trozos de piel de takín y partes de mi bañera de lona atadas con correas. Los trozos de piel se volvían resbaladizos cuando se mojaban, y todo el invento resbalaba. Además, una gran espina me atravesó el pie. Las plantas de los pies de los mishmis parecen tan duras como el cuero, pero incluso ellas eran penetradas de vez en cuando por las largas espinas de caña afiladas como agujas.

No tardamos mucho en abandonar el sendero que en este país se considera un camino. A veces nos encontrábamos con las débiles huellas de un sendero que evidentemente se usaba en invierno, pero estaba todo crecido y pronto dos hombres tuvieron que adelantarse y abrirse paso a través de la selva. Tuvimos que cruzar varios riachuelos hasta las rodillas. A primera hora de la tarde llegamos a un arroyo llamado Dze. Había un lugar mejor para acampar un poco más lejos, pero me dijeron que cerca de allí se ubicaba una aldea llamada Dze donde podría conseguir algo de arroz. Siempre tenía que considerar la posibilidad de un regreso forzoso desde el Digaru, el último y más caudaloso río, y no quería verme obligado a hacer el viaje de vuelta a base de maíz si podía evitarlo, así que nos detuvimos aquí. Llegaron unos hombres de Dze que trajeron muy poco arroz y prometieron traerme más. Estos hombres me dijeron que tardaría diez días en llegar a Sadiya, y me confirmaron que si los ríos estaban crecidos no llegaría. Las sanguijuelas habían sido terribles en el camino, pero acampamos en el lecho pedregoso y arenoso de un riachuelo, y nos salvamos de esta plaga, ya que no les gusta cruzar la arena.

Por la noche sufrimos una terrible tormenta con torrentes de lluvia. A pesar del miedo a ser arrastrados por la corriente, de estar completamente empapados, y de que mi ropa de cama se mojó tanto que no volvió a secarse bien hasta que llegué a Sadiya, conseguí dormir bien. Había muchos mosquitos, pero mi mosquitera los mantenía alejados. Al amanecer, cuando los aldeanos de Dze llegaron con más arroz, seguía lloviendo a cántaros. Mis hombres no querían ponerse en marcha. Les parecía buena idea pasar el día en Dze, dejarme donde estaba y venir a buscarme a la mañana siguiente. Sin embargo, estas dificultades acabaron por superarse cuando les dije que tenía muy poco dinero y opio, y que no teníamos tiempo para tanto ocio.

Salimos tarde bajo una lluvia torrencial y tuvimos que abrirnos paso a través del bosque por un sendero cubierto de maleza. A mediodía llegamos a un gran afluente de corriente rápida. Nos llevó algún tiempo encontrar la forma de cruzarlo; al final conseguimos vadearlo más allá de las rodillas, aunque el ritmo de la corriente lo dificultó. Mis culis me dijeron que el Digaru sería mucho más grande y rápido. Después de cruzar, descansamos y comimos; mi gallina, muy servicial, me dio un huevo; dejó de llover, salió el sol y, en general, todo fue más alegre.

Siguiendo adelante nos topamos con algún jabalí. Yo llevaba mi escopeta, uno de cuyos cañones estaba cargado con perdigones por si tenía la oportunidad de disparar a algún animal grande; el otro cañón tenía perdigones pequeños para aves de la selva u otras aves. Disparé con el cañón equivocado a un jabalí, que no sufrió ningún daño. Luego me topé con un gran cálao, un ave negra con un enorme pico y cola blanca. Los hombres tenían muchas ganas de que le disparara. Por lo que pude ver, querían la glándula grasa de la cola como medicina. El pájaro tenía otras ideas y no me dio oportunidad. También nos topamos con un grupo de monos, y me rogaron que disparara a uno, pero me negué. Nos detuvimos a pasar la noche en medio de la húmeda selva, entre innumerables sanguijuelas. Echaba de menos mi bonito lecho de arena de la noche anterior. Las sanguijuelas habían sido muy problemáticas. Los mishmis, con su escasa ropa, estaban mejor que yo. Se les pegaban, sobre todo entre los dedos de los pies, y ellos sacaban sus espadas y las raspaban. Con mi ropa y mis ineficaces botas yo no podía hacerlo y me mordieron muchas veces. La sanguijuela inyecta algo en su mordedura que impide que la sangre se coagule, y una mordedura de sanguijuela sigue sangrando mucho después de que la criatura se haya desprendido.

El día siguiente fue similar, con más tala de selva de lo habitual. Al mediodía llegamos a un gran arroyo llamado Tajab donde, para sorpresa de todos, nos encontramos con dos hombres pescando. No habían pescado nada ese día, pero me dieron dos peces muy pequeños que habían pescado y ahumado el día anterior. Eran bastante repugnantes. De nuevo nos llevó mucho tiempo encontrar un camino a través del río, que era profundo y rápido. Había muchas huellas de animales salvajes aquí y en el camino: elefantes salvajes, tigres, búfalos, osos, cerdos y ciervos. Disparé a una perdiz de montaña (*Arboricola*) y encontramos un nido de abejas que nos proporcionó una suave miel que fue bienvenida, aunque escasa. También disparé a una jineta que se comieron los mishmis.

Al anochecer llegamos a otra gran corriente, de nombre Habong. Los hombres querían acampar antes de cruzarla, pero yo temía que la lluvia nocturna dificultara aún más el cruce del río, e insistí en cruzarlo mientras pudiéramos. Los mosquitos, tal vez ayudados por las sanguijuelas y la lluvia, me habían dado fiebre, y me acosté con las mantas mojadas sin poder comer mi cena de perdiz, arroz y el huevo del día.

Por la mañana todavía tenía fiebre. Nuestro día de viaje fue un cambio. En vez de atravesar la selva, bajamos por el lecho del río, a veces por arena marcada por las huellas de animales salvajes, y otras veces por el propio río, que tuvimos que cruzar varias ocasiones. El lecho del río tenía unos quinientos metros de ancho, con zonas de hierba alta y arena. A ambos lados había un muro de bosque. Por fin llegamos a la confluencia del río con el Digaru. Este era el río que podría habernos obligado a retroceder hasta Tashalun para esperar seis semanas el tiempo seco.

No era más grande ni más difícil que otros ríos que ya habíamos cruzado. Unimos nuestras manos y nos zambullimos en la corriente rápida y profunda, y el temido Digaru fue superado. Hicimos el habitual refugio de hojas para pasar la noche.

Los hombres siempre me presionaban para que disparase a animales para comer, pero ahora me dijeron que no disparase mi arma bajo ningún concepto. Al principio no pude entender la razón: repetían una y otra vez la palabra «chulikatta», que yo no entendía. Más tarde supe que ese era el nombre de otra tribu de mishmis de la que hablaban como feroces salvajes que matarían a todo nuestro grupo si se cruzaban con nosotros. Posteriormente, pasaría muchos meses entre estos mishmis chulikatta y los encontraría un pueblo razonablemente bondadoso, pero con un relato igualmente alarmante de las tribus mishmis del valle de Lohit. En este país el enemigo es el forastero.

Continuamos río abajo al día siguiente, cruzándolo de nuevo varias veces para evitar la densa hierba o la espesa selva, o viajando por el agua cuando esto era más fácil. Hacia el mediodía, cuando estábamos en la orilla equivocada —la oriental—, disparé a un pequeño ciervo moteado. Pensé que debía de ser el chital o ciervo moteado, pero me dijeron que este ciervo no se da en Assam y que debía de ser un ciervo de los pantanos, cuyas crías son moteadas.

Mis mishmis cortaron la carne, la echaron al fuego y se la comieron casi cruda. Yo no me encontraba bien y no participé en el festín, sino que me dirigí hacia el río, que estaba a unos cien metros de donde había disparado al ciervo. Me horroricé al ver que el río bajaba espeso de barro y crecía. Llamé a los hombres, uno de los cuales se acercó. Estaba realmente alarmado.

Estábamos en el lado equivocado del Digaru, después de haberlo cruzado, y el río crecía. Era fácil que nos cortara el paso y tuviéramos que volver a Tashalun, como nos habían advertido. Los hombres recogieron apresuradamente sus enseres, trajeron el venado y se dieron prisa en llegar al río. Al final, todos nos cogimos de la mano para mayor seguridad y conseguimos cruzar el río, cuyo nivel ya era superior a la cintura y su corriente desagradablemente rápida. En la orilla opuesta había un acantilado bajo por el que trepamos para encontrarnos contra un muro impenetrable de hierba alta. Por aquí abrimos nuestro camino alejándonos del río. Cada hombre se turnaba para ir delante y cortar hasta que se cansaba, momento en que era relevado por otro. Calculo que en una hora y media sólo habíamos avanzado ochocientos metros. Apenas podíamos ver medio metro delante de nosotros a través de la densa hierba, por lo que no teníamos ni idea de cuán ancha podría ser la zona herbosa. Siempre cabía la posibilidad de que nos hubiéramos topado con una extensión muy grande, o incluso de que estuviéramos recorriendo una estrecha franja con bosque abierto a pocos metros a ambos lados, pero no veíamos nada y podríamos tardar días en salir. Por lo tanto, decidimos desistir y volvimos al río, que ahora era muy caudaloso e impracticable. Vadeamos la corriente un trecho, arrimándonos a la orilla, pero pronto la orilla se hizo bastante escarpada y el río demasiado profundo, así que tuvimos que salir a la hierba y empezar a cortar de nuevo. Finalmente, y de repente, salimos de la hierba y nos adentramos en el bosque, por lo que pudimos avanzar sin necesidad de talar demasiado. Bajo los árboles altos y espesos, la maleza era menos densa y se podía avanzar con más rapidez y facilidad; en los lugares abiertos y soleados había una densa vegetación secundaria de todo tipo.

Habíamos recorrido una distancia muy corta este día y nos detuvimos al anochecer en la espesa jungla, un lugar muy poco apropiado para acampar. Los hombres despejaron una parcela con sus espadas, pero no levantamos ningún refugio porque era tarde, estaba oscuro y todos estábamos cansados. Yo todavía tenía fiebre y además me dolían los pies. El barro de estos lugares es venenoso. Mis «botas» dejaban entrar barro, espinas, sanguijuelas y todo tipo de infecciones. Las sanguijuelas eran particularmente malas en este vivac y no había arena amiga. Mi cama me salvó hasta cierto punto, pero Putamdu y los mishmis, que dormían al raso, sufrieron considerablemente. Los mosquitos, en gran número, aumentaban nuestra incomodidad.

A la mañana siguiente, atravesamos una densa selva durante casi un kilómetro, y volvimos a la orilla del río. Pudimos avanzar por la orilla y luego llegamos a un camino muy trillado que hacía tiempo que no se usaba. Bajo los árboles era muy bueno, pero en los lugares abiertos la maleza lo había desbordado y tuvimos que machetear para abrirnos paso. Los hombres me dijeron que llevaba a la aldea kamti de Sanpura y había sido construido por «un babu». Ahora estaba realmente cerca de la civilización.

Los kamtis son un pueblo de Birmania que se había asentado en pequeñas cantidades cerca de Sadiya. Visten ropas birmanas y son muy diferentes en todos los sentidos de los habitantes de Assam y, por supuesto, de los salvajes mishmis.

Llevábamos uno o dos días avanzando lejos de las colinas y, salvo en los claros del río, el bosque me impedía verlas. Las colinas siempre ayudaban a orientarse. Mis mishmis me contaron que los viajeros a veces perecen en la espesura del bosque cuando la niebla y las nubes les impiden ver las colinas o el sol. Al atardecer llegamos a un gran río, el Paian. Parecía más caudaloso incluso que el Digaru, pero los hombres dijeron que estábamos adentrándonos en un terreno en el que ya habían estado antes y que conocían un vado fácil. Aquí encontramos un viejo refugio en el que dormí. Las sanguijuelas eran una plaga peor que nunca.

A la mañana siguiente nos dirigimos al vado y cruzamos. El río era más profundo y rápido que el Digaru. Como antes, nos dimos la mano y lo vadeamos hasta más de la cintura. Desde el vado nos abrimos camino durante una hora, hasta que llegamos de nuevo a la senda. Ahora avanzábamos con más facilidad, pero a veces teníamos que abrirnos paso entre la maleza. Pasamos junto a una empalizada construida para capturar elefantes salvajes, la primera señal de la mano del hombre que habíamos visto en varios días. Tuvimos que cruzar varios riachuelos estrechos, profundos y de corriente lenta. Cuando eran muy profundos, nos las arreglábamos talando un árbol adecuado y, al cruzarlo, abriéndonos paso a través de las ramas superiores, ya que estas se encontraban al otro lado del torrente. En una de ellas había un nido de hormigas, criaturas grandes, rojas y feroces, con una mordedura terrible. No podíamos defendernos, pues empleábamos las dos manos en trepar por las gruesas ramas. En algunos de estos arroyos no había árboles adecuados a mano, por lo que tuvimos que vadear con la corriente por encima de la cintura; al estar ya empapados por la lluvia arriba y el agua abajo, esto no pareció importar tanto como podría haberlo hecho.

Llevaba los restos de un par de polainas en las piernas. Tenían hojas de tabaco en los pliegues y habían sido empapadas en agua de tabaco. Las sanguijuelas lo odian, y sin duda esto alejó a muchas de mí. A pesar de ello, en dos horas de marcha recogí ciento cincuenta de mi ropa. Al atardecer nos topamos con más senderos que, evidentemente, habían sido utilizados recientemente y, de repente, con el antiguo emplazamiento de la aldea de Sanpura: chozas de bambú derruidas con rastros de cultivo en forma de tabaco y chiles sembrados por ellos mismos, que mis mishmis recolectaron. Poco después llegamos al pueblo, habitado por kamtis, y tras la primera sorpresa fuimos recibidos en una gran casa con techo de paja. Habíamos apurado el día de viaje durante la tarde y no me había preocupado de quitarme las sanguijuelas. Cuando entré, me quité las polainas y arranqué ciento cincuenta de una pierna y de mi ropa. Luego oscureció y no pude ver cuántas más. La mayoría de las que estaban en los calzones se habían convertido en pequeños fajos parecidos a la goma india por el jugo del tabaco, pero muchas estaban sobre mí, agrupadas alrededor de mis tobillos y rodillas, y me dieron problemas durante algunos días. Todavía llevo las cicatrices.

Esperaba grandes cosas de este pueblo, el cual mis mishmis habían descrito como una metrópolis sólo superada en tamaño por la propia Sadiya, pero aparte de un poco de arroz y plátanos maduros y un muy bienvenido *gour* (melaza) no encontré nada. Me alegré mucho por el *gour*, pues hacía mucho tiempo que no comía nada dulce, excepto un poco de miel silvestre.

Aquí encontré a un indio de Nagpur. Dijo que era un *sadhu* u hombre santo, pero que no había renunciado al mundo hasta el punto de no quejarse de la comida que tenía que comer aquí, y me pareció que éste no era un mal lugar al que venir si un hombre quería temporalmente evitar la atención de la policía.

Yo había tenido un poco de fiebre y mi estado de salud era bastante precario debido a una alimentación insuficiente e inadecuada. Esto hizo que mis picaduras de sanguijuela se agravaran. Me dolían los pies por esto y por el barro venenoso, así que me alegré mucho cuando me dijeron que me enviarían a Sadiya en barco.

La mañana del 7 de agosto embarqué en una larga canoa. Los kamtis no querían saber nada de mis mishmis. No les dejaban entrar en las casas y se negaron en redondo a darles una canoa. Incluso se negaron a que llevara en la mía a uno que tenía los pies doloridos. Mi embarcación tenía aproximadamente medio metro de ancho, y al deslizarnos por algunos rápidos alojó una gran cantidad de agua. Pronto llegamos al río principal, el Lohit, una superficie de agua ancha y lisa, muy diferente del caudaloso torrente que había seguido durante algunas semanas en las colinas.

Los lugareños me habían dicho que encontraría varios *sahibs* en Sadiya. Yo estaba harto de mi desayuno de arroz frío y decidí que almorzaría bien con ellos, así que me puse en marcha sin cargar nada de comida. Hacia las dos vi delante de mí una pequeña casa encalada con techo de paja. Era Sadiya. El edificio, que estaba cerca de la orilla del río, resultó ser la oficina de correos. Desembarqué y entré; en respuesta a mi pregunta, el empleado encargado me dijo: «No hay oficiales europeos en la estación, señor». Fue un duro golpe, pero se suavizó con la noticia de que había dos señoras, una misionera y otra esposa de un oficial.

No podía presentarme tal como estaba: no me había afeitado aquella mañana; mi ropa estaba hecha harapos; por botas tenía los restos de mi bañera de lona atados con correas. Hambriento como estaba, tuve que ir al *dak bungalow*[122] para arreglarme. Llevaba en el fondo de una caja un traje de sarga azul, una camisa limpia, cuello y pañuelo. Lo desempaqué y, para mi alegría, encontré un par de zapatillas de dormir que había olvidado por completo. Qué útiles me habrían sido en el camino. Me las puse, mostrando con cierto orgullo el pañuelo blanco como la nieve en el bolsillo de mi «azul naftalina». Lavado y afeitado, y así perfectamente ataviado excepto por las zapatillas de dormir, fui a visitar a la señora Robertson, la esposa del oficial, que me invitó a tomar el té. Estaba muy hambriento, y la forma en que devoré su delicioso, pero endeble pastel, debió de haberla asombrado y consternado. Más tarde llegaron el señor Dundas, el oficial político, y el capitán Robertson, que venían de una gira relacionada con los preparativos de la Expedición Abor que se estaba organizando. Robertson había sido mi suboficial en Sandhurst, y pronto me dieron la bienvenida y se acabaron mis problemas.

Tras un par de días de descanso y reorganización en Sadiya, salí para Calcuta. Crucé el río hasta la terminal ferroviaria de Saikhoa en una barca y tomé el tren a Dibrugarh. Allí embarqué en un vapor hasta Guwahati y seguí en tren hasta Calcuta.

A mi regreso a India me enteré de que el dalái lama estaba en Darjeeling, tras haber huido de Lhasa cuando los chinos ocuparon la ciudad. Yo no lo había visto nunca, aunque años más tarde pasaría un mes en Lhasa como invitado suyo. Entre su séquito se encontraba el dzongpön (oficial a cargo del distrito) de Sangngak Chödzong. Yo había reunido mucha información sobre el país, y me pareció que era una buena oportunidad para ir a Darjeeling, conocer al dalái lama y elaborar y confirmar la información que había obtenido del oficial que estaba a cargo del distrito. Sin embargo, no era esa la opinión de las autoridades de Shimla. Respondieron bruscamente a mi telegrama y me ordenaron ir a Aligarh, en las Provincias Unidas, para recibir formación civil y explicar por qué me había excedido en mi permiso.

El difunto sir Francis Younghusband arremete en sus libros contra el fetiche que el gobierno hace de los exámenes y este tipo de cosas. Aleja a un oficial político de las personas a las que debe estudiar y comprender. Puede que haya que hacer algún tipo de formación, pero seguramente un aplazamiento de una o dos semanas más habría estado justificado y habría sido de utilidad para mi gobierno, pero los responsables no tuvieron la imaginación necesaria para verlo.

Siempre que me encontraba en un país desconocido, hacía un estudio pormenorizado de la ruta. Para ello, anotaba cuidadosamente el tiempo que tardaba en viajar de un punto a otro y mantenía un ritmo de viaje lo más regular posible. Si me encontraba con un hombre en el camino y hablábamos, o me detenía a recoger especímenes de historia natural, anotaba cuidadosamente esos tiempos y los tenía en cuenta. Llevaba una brújula prismática con la que tomaba muchas referencias de picos prominentes y otros puntos de referencia. También llevaba un sextante con el que hacía observaciones de la latitud a partir de las estrellas. Me temo que la longitud tenía que arreglárselas sola. Esto fue antes de la era de la radio, que ha hecho que la determinación de la longitud sea un asunto relativamente sencillo.

También llevaba un hipsómetro y dos aneroides. Cada noche calculaba mi altitud sobre el nivel del mar con el primer instrumento leyendo la temperatura a la que hervía el agua, y al mismo tiempo leía y anotaba las lecturas de mis aneroides. También tomaba una medición del punto de ebullición en cada paso que cruzaba y en el cruce de ríos importantes. Las altitudes intermedias se tomaban de las lecturas de mis aneroides corregidas a las mediciones del punto de ebullición más cercano. Mis mediciones de latitud y altitud fueron elaboradas por el Departamento de Topografía de India.

Las pocas pieles de aves y mamíferos que me traje fueron entregadas a la Sociedad de Historia Natural de Bombay. Las mariposas fueron descritas por el señor South, del Museo Británico, y su artículo sobre ellas apareció en la revista de la Sociedad de Historia Natural of Bombay. Las escasas plantas se enviaron al Jardín Botánico de Edimburgo.

Era el primer viaje que hacía por mi cuenta a un país desconocido y sin cartografiar. Es cierto que después de la expedición de Younghusband a Lhasa me habían enviado al Tíbet occidental con un grupo de exploración bajo las órdenes de los capitanes Ryder y Rawlinq para abrir el mercado comercial de Gartok, que se había instituido en virtud del tratado de Lhasa, pero todo el trabajo de topografía había sido realizado por Ryder y Wood y su destacamento del Departamento de Topografía de India. Debido a esta falta de experiencia, no escribí los nombres de los lugares en tibetano, sino que los registré tal como me sonaban. En consecuencia, he aceptado la ortografía obtenida por viajeros posteriores —en particular el capitán Kingdon-Ward y el señor Kaulback— que, supongo, sí escribieron los nombres sobre el terreno.

Creo que debería ser una norma que cuando un viajero se ha tomado la molestia de obtener un nombre de lugar escrito en el idioma del país, ningún viajero posterior debería usar una ortografía diferente en inglés, excepto en circunstancias muy excepcionales, que deberían ser explicadas.

Si volviera a viajar, creo que debería adoptar la vestimenta tibetana, al menos en los lugares más apartados. Así se evitan molestas curiosidades e interrogatorios innecesarios. Solía sentirme incómodo y disfrazado cuando llevaba ropa extraña, pero una residencia en el Turquestán ruso superó esta sensación. En la intolerante Bujará ningún europeo podía salir a la calle sin echarse el *khalat* nativo sobre su ropa ordinaria, y en cualquier caso los rusos no parecían tener el mismo sentimiento de timidez.

Aunque mi intento de llegar a las cataratas del río había sido infructuoso, había logrado cubrir un extenso tramo de nuevo terreno, lo que me fue reconocido con la concesión del Gill Memorial por la Real Sociedad Geográfica y de la medalla MacGregor por el Real Instituto Unido de Defensa de India.

Poco después de mi regreso, la Expedición Abor al mando de sir Hamilton Bower fue enviada para castigar a los adis por la masacre del señor Williamson y su grupo.

Acompañé a estas tropas y regresé a India durante el verano, cuando es imposible trabajar en esta húmeda selva infestada de sanguijuelas.

Me maravilla que en esta guerra contra los japoneses nuestras tropas pudieran permanecer todo el verano en un país similar, un poco al este. Todos nuestros puestos y partidas se retiraron en cuanto empezaron las lluvias, cuando se consideró que el terreno era intransitable.

El invierno siguiente me dirigí de nuevo a las Colinas Mishmis, esta vez entre los chulikattas, a los que tanto temían mis antiguos y desagradables conocidos.

Cuando ya no fue posible continuar el trabajo, el capitán Morshead y yo nos dirigimos hacia el norte por las montañas, y logramos visitar el lugar real de las cataratas de las que había informado Kintup[123], e incluso penetramos más lejos, río abajo, de lo que este explorador había podido llegar. Después remontamos el río casi hasta Lhasa, que estaba a sólo tres días de distancia de nuestro punto más lejano, Tsetang[124], y pudimos cartografiar el gran triángulo al sur del río hasta los principales picos del Himalaya y hacia el este hasta el punto en que el río se encuentra con la cordillera principal y la atraviesa. Finalmente, regresamos a India por el este de Bután. Incluyendo nuestro trabajo entre los mishmis chulikatta, este viaje nos ocupó algo más de un año[125], y por él recibí la medalla de oro de la Real Sociedad Geográfica.

Algunos años más tarde tuve la oportunidad de cubrir otra laguna en la cartografía del Tíbet meridional, contando esta vez con el capitán H. R. C. Meade como topógrafo. Acompañado por mi esposa y su madre, recorrimos Bután de oeste a este y, cruzando la cordillera principal hacia Tíbet, llegamos a Gyantse. Meade pudo inspeccionar unos 15.500 kilómetros cuadrados de territorio inexplorado.

Más tarde, una visita a Lhasa me dio la oportunidad de seguir el curso del Tsangpo al sur de la capital. De hecho, conecté con el punto más alto alcanzado en mi viaje con Morshead; de modo que con mi viaje a su nacimiento con Ryder, Rawling y Wood en 1904, puedo decir que he visto este gran río en toda su longitud en Tíbet, a excepción de algunas pequeñas secciones. Sería un placer volver a hacer estos viajes cuando me jubile. Quizá mis días de viajero aún no hayan terminado.

FIN

Santiago Lazcano
Traducción

Santiago Lazcano estudió Antropología Social en la Universidad Complutense de Madrid. Es un apasionado de la cultura de Tíbet y del Himalaya y ha escrito diversos artículos sobre esta materia. Sus publicaciones pueden encontrarse en revistas especializadas como *Revue d'Etudes Tibétaines, Yeshe - A Journal of Tibetan Literature, Arts and Humanities, Boletín de la Asociación Española de Orientalistas* o *Altaïr*. Mantiene también un blog: **Khawachen, la tierra de las nieves. Blog de estudios tibetanos e himalayos**: https://khawachenbod.blogspot.com

Trabaja actualmente como bibliotecario.

Notas de la traducción

1. El curso superior del Yangtsé es conocido en tibetano como Dri chu. En China se lo conoce como Jinsha jiang.

2. El Mekong se conoce en tibetano como Dza chu. Su nombre en China es Lancang jiang.

3. El Salween es conocido en tibetano como Gyalmo Ngulchu o Ngul chu. En China se lo conoce como Nu jiang.

4. En el texto original aparece como Dibong, nombre por el que se le conocía en tiempos de Bailey.

5. En el texto original aparece como Dihang, nombre por el que se le conocía en época de Bailey.

6. Su denominación oficial en China, según el vigente sistema de transcripción pinyin, es Yarlung Zangbo.

7. Miembro de la Orden del Imperio de India con rango de Compañero.

8. En el texto aparece por error «Dibong» cuando debería aparecer «Dihang».

9. En el texto original aparecen como abors, nombre por el que eran conocidos en tiempos de Bailey.

10. En pinyin Jiala.

11. En pinyin Baima Gouxiong.

12. En pinyin Bomi.

13. «Después de esto, por lo tanto, debido a esto».

14. 1945.

15. Nombre alternativo para el panchen lama, segunda autoridad religiosa más importante de Tíbet.

16. Conductor de un coche de caballos de alquiler en ruso.

17. Mukden es un nombre manchú. En la actualidad su denominación oficial en China es Shenyang.

18. Ciudad persa, antiguamente llamada Meshed.

19. Porteador, derivado del término «coolie», usado en la India británica.

20　Antiguamente Ichang, provincia de Hubei.

21　En el texto original aparece como Kwei chow fu (Kweichow en pinyin), nombre por el que se conocía esta población en tiempos de Bailey. Provincia de Hubei.

22　En el texto original aparece como Wanhsien, nombre por el que se le conocía en la época.

23　Capital de la provincia china de Sichuan.

24　Hoy en día Kangding. Su nombre tibetano es Dartsedo.

25　Es una errata del texto original, ya que abril tiene 30 días. Probablemente, se refiera al 30 de abril.

26　Yachou en el texto original.

27　El reino de Chala, cuya capital era Dartsedo (Kangding) era una de las muchas entidades políticas semi-independientes que se podían encontrar en el Tíbet oriental en esa época.

28　Se refiere aquí al Minya Konka, la montaña más alta de Kham (7.556 metros) y sagrada para los tibetanos. Respecto al más cercano «Bonga» es probablemente uno de los picos de la sección norte del macizo Konka.

29　También conocido como Cheto La, en pinyin Zheduo shan.

30　También conocido como Cheto, en pinyin Zheduotang.

31　En pinyin, Tiru.

32　En pinyin, Dong'eluo.

33　En pinyin, Gao'er Si Shan.

34　Yalong jiang en chino y Nyak chu en tibetano.

35　En realidad, Hekou se encuentra en la orilla oriental del río Yalong y Nyakchuka en la occidental. La denominación oficial china de esta última es Yajiang.

36　En pinyin, Magezong.

37　Entre 2,2 € y 5,7 € actuales (2023).

38　En pinyin, Xi'Eluo

39　En pinyin, Honglong.

40　En pinyin, Redi.

41 Probablemente el Mt. Genyen o algún otro de los picos cercano a su macizo.
42 En pinyin, Kangbu.
43 En pinyin, Duina.
44 En pinyin, Pagri.
45 En pinyin, Sangpi si. Se encuentra en la población de Chaktreng (Xiangcheng).
46 Como estimación aproximada, un tael durante la dinastía Qing pesaba aproximadamente 37,5 gramos de plata.
47 Población que aparece en el texto original como Yenching, nombre por el que era conocida en chino en la época de Bailey. En tibetano su nombre es Tsakalho. Tanto el nombre tibetano como el chino hacen referencia a su actividad salinera: «salinas del sur» y «pozo de sal» respectivamente. Yanjing pertenecía entonces administrativamente a la provincia de Sichuan; actualmente pertenece a la Región Autónoma de Tíbet.
48 Se deduce del contexto que se hace referencia aquí a la cercana ciudad de Markham Gartok, en el sudeste de Tíbet, y no a la población conocida como Gartok en Ngari, en el Tíbet occidental.
49 227 € de 2023.
50 En pinyin, Zhubalong.
51 En tibetano, Bumme.
52 Probablemente el actual Zangbalong.
53 Podría ser el actual Amaitang.
54 En pinyin, Ladui.
55 En tibetano, Gyaneteng.
56 En Tíbet es común encontrar talladas en piedra figuras de deidades o santos budistas que los tibetanos consideran que han sido «autogeneradas» espontáneamente (*rangjyung*).
57 En pinyin, Zongzha.
58 En pinyin, Equ.
59 En pinyin, Jiaolong.

60 Los misioneros franceses Auguste Desgodins y Félix Biet fundaron en 1865 una misión católica en la aldea naxi de Yerkalo. Yerkalo (actualmente denominado en chino: Shang Yanjing) se encuentra en la parte norte de una meseta abruptamente cortada por el profundo barranco de Dzongke, que corre perpendicular al valle del Alto Mekong dirección este. En la parte sur de dicha meseta está el pueblo de Tsakalho, o Yanjing propiamente dicho (actualmente denominado Naxixiang). Allí está el centro administrativo de todo el distrito de las salinas que incluye varias aldeas a ambos lados del Mekong, y que es colectivamente conocido también como Tsakalho o Yanjing.

61 Aldea tibetana a la orilla del Mekong (frente al bajo Tsakalho), famosa por sus pozos de sal que abastecían a buena parte del Tíbet sudoriental y del Himalaya oriental.

62 En pinyin Changxi.

63 El acónito (Aconitum napellus) es un tipo de planta venenosa nativa de zonas montañosas del hemisferio norte.

64 En pinyin Zhayu.

65 También conocido como Pütog. En pinyin Bitu.

66 Más conocida como Kawa Karpo (Meili shan en la nomenclatura oficial china). Es la montaña más sagrada de Kham, y su circuito de circunvalación (*kora*) atrae a devotos y peregrinos de todo el orbe tibetano.

67 También conocido como Wi Chu, y antiguamente como Drayul Chu.

68 *Phasianus colchicus elegans*.

69 En pinyin Wabao.

70 También conocido como Karpo. En pinyin Gebu.

71 En pinyin Tongdui La.

72 En pinyin Longbu.

73 En pinyin Mengong.

74 En pinyin Zhana.

75 Gyalmo Ngulchu o Ngul chu es el nombre tibetano para el Salween.

76 Aunque en el texto original aparece *west bank* se refiere a la orilla oeste o izquierda siguiendo la dirección del río, que queda al este en el mapa.

77 En pinyin Zayu. Población también conocida como Kyigang, en el texto original aparece como Chikong, nombre por el que era conocida en tiempos de Bailey.

78 La mayoría de estas personas pertenecían a la etnia que hoy se conoce como drung o dulong, que eran llamados en aquel tiempo tarons o kiutzus. Este grupo se incluye en la más amplia familia rawang, que en el pasado era conocida como nung.

79 El acónito (*Aconitum napellus*) es un tipo de planta venenosa nativa de zonas montañosas del hemisferio norte.

80 En pinyin Guisai.

81 El Dulong o Drung, conocido en época de Bailey como Taron, que discurre por el extremo noroeste de Yunnan hasta unirse con el Nam Tamai, ya en Myanmar. Juntos forman el N'mai Hka que es uno de los dos principales tributarios del Irrawaddy.

82 Probablemente el actual Geyangtong.

83 Estos tibetanos —que habían partido en busca de la «tierra prometida» budista de Pemakö— acabaron asentándose en territorio idu mishmi, en el lado indio de la frontera; en la aldea de Mipi del valle de Mathun, distrito del Alto Dibang de Arunachal Pradesh.

84 Conocido en tiempos de Bailey como Zhasha La.

85 Rima, muy cerca de la frontera con India y con Myanmar, era considerada en el tiempo de autor como la capital del bajo Zayul y dependía del dzongpon de Sangngak Chödzong. Actualmente la población más importante en sus inmediaciones en Xiachayu, de nueva construcción por parte de los chinos.

86 Mingqi en pinyin.

87 En pinyin Zhuowagong.

88 En pinyin Sang'angquzong. La antigua fortaleza (*dzong*) se encontraba cerca de la población de Goyul, Goyu en pinyin.

89 En pinyin Boluo.

90 En pinyin Luoma.

91 En pinyin Gujing, perteneciente al municipio de Goyul (pinyin: Goyü).

92 El Buda futuro. Más conocido por su nombre sánscrito: Maitreya.

93 En pinyin Boxia.

94 En el texto original el Parlung Tsangpo aparece como Po Tsangpo, nombre por el que era conocido en época del autor. Hoy en día, se considera como Po Tsangpo exclusivamente al tramo que va desde la confluencia entre el Yigong Tsangpo y el Parlung Tsangpo, hasta la unión de sus aguas con el Tsangpo, en la zona de la garganta.

95 Probablemente el actual Xiaqiongguo.

96 En pinyin Gangba.

97 Medicamento muy popular durante la época victoriana. Se usaba como tratamiento para innumerables dolencias como bronquitis, sífilis, cólera, tuberculosis, gota, cáncer, gripe, uñas encarnadas y el dolor por la dentición infantil.

98 También llamado cloruro de metiltionina. Sirve para desinfectar heridas, eliminar hongos, y otros usos.

99 Término utilizado para referirse al acto de dar caridad, y a los sobornos en medio oriente y el sudeste de Asia. Tiene sus orígenes en la palabra persa *bakshish* (بخشش), que significa «regalo».

100 En pinyin Daba.

101 En pinyin Xiongjiu.

102 En pinyin Gongrigabu Qu. En el texto original aparece como Rong-tö Chu, nombre por el que se conocía en tiempos del autor.

103 En el texto aparece la errata «6 de junio» cuando debería aparecer «6 de julio».

104 Aldea conocida como Kahap o Kahao en época de Bailey, y primera población en la cara india de la frontera. Pertenece actualmente al distrito de Anjaw en el estado indio de Arunachal Pradesh.

105 Probablemente, se refiere aquí a los meyors o zakhrins, pequeña etnia enclavada entre mishmis y tibetanos que habita el valle del Lohit/Zayul a ambos lados de la frontera indo-tibetana.

106 Dafla era un término genérico de origen asamés usado en tiempos de Bailey, que englobaba a varias etnias relacionadas, conocidas hoy como nyishis, bagnis, puroiks, bangrus, nahs y tagins, que viven en las tierras fronterizas entre Arunachal Pradesh y Tíbet.

107 Shikari significa cazador en hindi.

108 Po o Powo fue un reino semi-independiente del gobierno de Lhasa hasta 1929. Comprendía Potö, o el Alto Po, y Pome, o el bajo Po. El gobierno del Kanam Depa (el soberano de Powo) controlaba también la sagrada región de Pemakö.

109 En el texto original figura como Shensi, nombre por el que esta provincia china era conocida en época de Bailey.

110 En el texto original aparecen como khanungs. Los rawangs, conocidos en época de Bailey como nungs, habitan el extremo norte de Myanmar. Según R. Morse, el término «khanung» significa literalmente «esclavo nung» en lengua shan, pues estos nungs caían frecuentemente en esclavitud por parte de sus más poderosos vecinos shans, jingpos y tibetanos.

111 Se conoce actualmente como Diphu La o paso de Diphu.

112 Aldea católica tibetana en el valle del río Mekong (Lancang), en el noroeste de Yunnan. En el texto original aparece como «Tsu kou» (Tsekou), nombre por el que se conocía esta población en tiempos de Bailey.

113 Yakalo o Yerkalo, sede de la Misión Católica Francesa del valle del Ngul Chu o Alto Mekong.

114 Población más oriental de India, cerca del punto donde confluyen India, Tíbet y Myanmar.

115 En el texto original aparecen como akas, nombre por el que se les conocía en esa época.

116 Los conocidos antiguamente como miris o miris de las colinas (*hill miris*) del Bajo Subansiri son considerados en la actualidad como integrantes de la etnia nyishi.

117 Los tibetanos consideraban a todos estos grupos étnicos —animistas y hablantes de lenguas tibeto-birmanas— como bárbaros y se referían a ellos con el término «lopa» o «loba», que en tibetano significa salvaje (*kLo pa*).

118 Probablemente, los meyors o zakhrings como se ha comentado antes.

119 Probablemente el actual Nukung.

120 Probablemente el actual Chameliang.

121 Indio, especialmente bengalí, educado a la manera inglesa.

122 Edificio del gobierno en la India británica sujeto a las reglas de la Compañía Británica de las Indias Orientales y del Raj.

123 Bailey y después Kingdon-Ward pudieron contemplar las «cataratas del arcoíris» sobre las que Kintup había informado. Pero éstas no eran las famosas «cataratas ocultas del Tsangpo» que se suponía eran comparables a las del Niágara. La realidad es que el Tsangpo cae desde 2.900 metros de altitud hasta 1.500 en sólo 240 kilómetros. Este descenso se produce a través de una serie de tramos empinados y cascadas. Las cataratas más grandes, las «cataratas ocultas», sólo fueron «descubiertas» por los occidentales tardíamente, en 1.998. Las cataratas son un lugar sagrado para los lugareños y Kenneth Storm, Ian Baker y Hamid Sardar tuvieron primero que doblegar la secular reticencia de sus guías monpas a mostrarlas a los forasteros. Después hubieron de superar con su ayuda el endiablado acceso que las protege para finalmente encontrarlas y establecer que tenían 33 metros de alto y 15 metros de ancho. Midieron también las «cataratas del arcoíris» que resultaron tener casi el doble de altura que la registrada por Kingdon-Ward: 21 metros de alto. El relato de esta expedición puede encontrarse en *Frank Kingdon Ward's Riddle of the Tsangpo Gorges: Retracing the Epic Journey of 1924-25 in South-East Tibet* (reedición del clásico de KW por Kenneth Storm), The Antique Collectors' Club ND, Woodbridge, 2001; y en el libro de Ian Baker *El corazón del mundo. Un viaje al último lugar secreto*, La Liebre de Marzo, Barcelona, 2007.

124 En pinyin Zêdang.

125 Este viaje es relatado en su libro *No passport to Tibet,* Rupert Hart-Davies, Londres, 1957.

www.ingramcontent.com/pod-product-compliance
Lightning Source LLC
Chambersburg PA
CBHW011315080526
44587CB00024B/4001